환자안전을 위한
의료판례 분석

08 성형

김소윤 · 송승용 · 김한조 · 홍승은 · 이 원 · 장승경 · 이미진
최성경 · 이유리 · 김한나 · 이세경 · 박지용 · 김인숙 · 석희태 · 손명세

박영사

본 서는 2016학년도 연세대학교 미래선도연구사업(문제해결형 융합연구)
지원에 의하여 작성된 것임(2016-22-0114)

머 리 말

'사람은 누구나 잘못 할 수 있다'. 사람은 누구나 잘못 할 수 있고, 의료인도 사람이므로 잘못 할 수 있다. 그러나 의료인의 잘못은 환자에게 위해로 발생할 수 있다. 하지만 환자안전과 관련된 사건이 발생할 때마다 관련된 의료인의 잘못을 찾아내고 시정하는 것만으로 환자안전의 향상을 기대할 수 있을까? 2010년 빈크리스틴 투약오류로 백혈병 치료를 받던 아이가 사망한, 일명 종현이 사건이 뉴스에도 보도되고 사회적으로 큰 파장을 일으켰지만 2012년 같은 유형의 투약오류 사건이 또다시 발생하였다. 이 사건뿐만 아니라 의료분쟁 또는 소송 사례들을 살펴보다 보면 유사한 사건들이 반복되는 것을 알 수 있다. 그렇기 때문에 환자안전의 향상을 위해서는 의료인의 잘못에 집중하는 것이 아니라 다른 차원의 접근이 필요하다.

이처럼 유사한 사건들이 재발하지 않도록 하려면 어떤 노력을 해야 할까라는 고민 속에서 '의료소송 판결문 분석을 통한 원인분석 및 재발방지 대책 제시' 연구가 2014년부터 시작되었다. 당시 내과, 외과, 산부인과, 정형외과, 신경외과 의료소송 판결문을 활용하여 환자안전의 향상을 위한 연구('의료소송 판결문 분석을 통한 재발방지 대책 수립 연구')를 수행하였고, 이후에는 의료행위별로 분류하여 원인분석 및 재발방지 대책 제시 연구가 진행되었다. 이러한 연구들은 가능한 범위 내에서 종결된 판결문을 대상으로 분석하고자 하였다. 하지만 분석대상 선정 당시 원인 분석 및 재발방지 대책 제시가 필요하다고 판단되는 사건들의 경우에는 환자안전 향상을 위한 정책 제안을 위해 소송 종결여부를 떠나 분석 대상에 포함시켜 진행하였다.

연세대학교 의료법윤리학연구원에서는 그동안 의료의 질 향상 및 환자안전을 위해 다양한 노력을 기울여왔다. 1999년 '산부인과 관련 판례 분석 연구'를 시작으로 '의료분쟁조정제도 실행방안 연구', '의료사고 피해구제 및 의료분쟁 조정 등에 관한 법률 실행방안 연구', '의료사고 예방체계 구축방안 연구' 등을 수행하였고, 이를 통해 의료사고 및 의료소송과 관련된 문제들을 다각도로 바라보았다. 이와 같이 의료분쟁의 해결에서 머무는 것이 아니라 이러한 사례들을 통해 의료체계의 개선이 이루어질 수 있도록 정책적 제안에도 힘써왔다. 연구뿐만 아니라 연세대학교 대학원 및 보건대학원에서 의료소송 판례 분석과 관련된 강의들을 개설하여 교육을 통해 학생들의 관심을 촉구하였다. 환자안전법 제정 및 환자안전 체계 구축을 위해서도 노력하였다.

2015년 1월 환자안전법이 제정되었고 2016년 7월 29일부터 시행되고 있다. 환자안전법에 따라 환자안전 보고학습시스템도 현재 운영되고 있지만, 의료기관 내에서 발생한 환자안전사건을 외부에 보고하기 어려운 사회적 분위기 등을 고려하였을 때 의미있는 분석 및 연구가 이루어지기까지는 시간이 다소 걸릴 것으로 예상된다. 이에 의료소송 자료를 활용하여 분석을 시행한 연구들이 환자안전법과 보고학습시스템의 원활한 시행 및 환자안전 체계 구축에 도움이 될 것으로 생각된다.

이 책에서 제시된 다양한 성형 관련 사례들을 통해 관련 분야 보건의료인 및 보건의료계열 학생들은 의료현장에서 발생 가능한 환자안전사건들을 간접적으로 체험할 수 있고, 예방을 위해 지켜야 할 사항들을 숙지할 수 있을 것이다.

2016년 9월, 의료판례 분석 시리즈의 첫 번째 저서인 '환자안전을 위한 의료판례 분석－01 응급의료'를 시작으로 내과(심장), 산부인과(산과), 정형외과, 신경외과, 외과, 마취, 성형까지 총 8권의 저서 발간을 완료하였다. 이 책들을 발간하는 동안 도와주신 많은 분들과 진료 등으로 바쁘신 와중에도 연구에 적극적으로 참여해 주신 자문위원분들께 감사를 표한다. 또한 본 저서가 출판될 수 있도록 지원해 준 박영사에 감사드린다.

이 책들이 우리나라 환자안전 향상에 조금이나마 기여할 수 있기를 간절히 바라며, 제도의 개선을 통해 환자와 보건의료인 모두가 안전한 의료환경이 조성되기를 진심으로 기원한다.

2017년 11월

저자 일동

차 례

제1장

서 론

1980년대 중반부터 본격적으로 제기되기 시작한 의료분쟁은 꾸준히 증가하고 있으며, 이로 인한 다양한 부작용은 사회적으로 중요한 문제가 되고 있다(민혜영, 1997). 의료사고의 예방을 위해서는 의료사고 및 의료분쟁 해결 기전의 변화만으로는 의미 있는 진전을 기대하기 어렵다(Institute of Medicine, 2000). 현재 우리나라 상황을 고려하였을 때 의료사고 예방 대책을 위한 연구의 일환으로 의료분쟁에 관한 연구를 시행할 수 있다. 의료분쟁은 유사한 의료분쟁이 반복되는 경향이 있고(신은하, 2007), 의료사고의 경우에는 의료소송 판결문의 분석을 통해 원인의 유형별 분류 및 의료사고로 가장 많이 연결되는 의료행위의 파악이 가능하다(민혜영, 1997). 따라서 의료소송의 특성과 원인을 분석해 예방이 가능한 부분은 효과적인 예방대책을 세워, 같은 일이 반복되지 않도록 대비하여야 한다.

본 저서에서는 의료분쟁 과정 중 가장 마지막 과정으로 활용되는 의료소송의 판결문을 활용하여 의료사고의 원인과 발생단계를 파악하고 재발방지 대책을 제안하였고, 이를 위해 연구 자료로 의료 민사소송 판결문을 활용하였다.[1] 우리나라에서는 진료비 지불 제도로 행위별 수가제를 채택하고 있고, 의료사고 비용조사를 통한 행위별 위험도 비용을 산정하여 수가에 반영하고 있다. 그러나 이러한 현실에 비해 이에 관한 연구는 미진한 상황을 확인하였다. 따라서 그동안의 진료과목별 중심의 의료소

---

1) 의료 민사소송 판결문은 환자가 의료기관에 내원하면서부터 퇴원하기까지의 전 과정을 기술하고 있으며, 환자가 입은 손해에 대한 배상의 정도를 판단하고 있기 때문이다.

송 판결문 연구에서 한 차원 더 나아가 행위 중심으로 분류한 의료소송 판결문 연구를 진행하였다.

외모를 중시하는 사회 풍조 등으로 인하여 미용성형이 빈번해지면서 수술 부작용뿐만 아니라 안전사고도 빈번하게 발생하고 있다. 성형외과와 관련하여 한국의료분쟁조정중재원에 조정신청으로 접수된 건수는 전체 접수 건수 중 약 9.3%를 차지하고 있다. 연도별로 전체 건수 중 성형외과 관련 접수 건수를 살펴보면, 2012년 4.1%, 2013년 7.0%, 2014년 10.9%, 2015년 13.3%로 매년 증가하고 있다(한국의료분쟁조정중재원, 2016). 또한 대한의사협회 의료공제회의 사건기록지를 분석을 통해 1차 의원의 의료사고 현황을 파악한 연구에 의하면, 피부·비뇨·성형외과의 사고 비율이 40.7%로 가장 높았다(김경희 외, 2015). 이와 같이 성형과 관련된 의료사고가 증가하고 있음에도 불구하고 관련 현황에 대한 파악이 부족할 뿐만 아니라 원인별 구체적인 재발방지 대책 제시도 이루어지지 않고 있다. 따라서 성형과 관련된 의료소송의 현황을 파악하고, 질적분석을 통해 성형 관련 의료사고의 원인분석 및 재발방지 대책 제시가 필요하다고 판단되어 본 연구를 진행하였다.

연구대상인 판결문은 '대법원 판결서 방문열람 제도'를 활용하여 검색하였고 각 법원의 '판결서사본 제공 신청 제도'를 활용하여 수집하였다. 판결 선고날짜를 2010년부터 2015년으로 설정하고, 의료 관련 민사소송 판결문을 대상으로 검색어를 "성형"으로 하여 검색한 결과, 총 446건[2])이 확인되었다. 확인된 판결문을 각 법원에 신청하여 판결문을 수집하였고, 수집된 판결문의 진료과목 및 주요 내용, 판결 결과 등을 검토하여 '성형' 관련 판결문으로 총 286건을 분류하였다. 이 중 원고승 또는 원고일부승 사건을 확인하여 총 137건이 확인되었으며, 이를 계량분석 대상으로 선정하였다. 판결문 137건의 내용을 확인하여 전체적인 현황 및 세부 분류를 시행하였고, 해당 내용을 토대로 성형외과전문의, 법학자, 보건학 전문가 등으로 구성된 자문위원단의 자문을 거쳐 20건의 질적분석 대상사건을 선정하였다. 선정된 개별 사건에 대한 원인분석을 시행하여 사건과 결부된 인적 요인 및 시스템적 요인을 분석하였고, 나아가 분석된 원인을 환자, 의료인, 의료기관, 법·제도적 측면으로 재분류 및 재발을 방지하기 위한 방안을 제안하였다.

---

2) 건수는 모두 사건 건수이다(예: 원심 – 항소심 – 상고심 – 파기환송심은 1건으로 함).

이 책에서는 눈, 코 및 안면 성형 관련 판례, 종아리, 유방 성형 관련 판례, 체형 성형 및 신체 복합 성형 관련 판례, 무면허 의료행위 관련 판례로 분류하여 사건의 개요, 법원의 판단, 손해배상범위, 사건원인분석과 재발방지대책을 소개하기로 한다.

‖ 참고문헌 ‖

민혜영. (1997). 의료분쟁소송결과에 영향을 미치는 요인에 관한 연구. 연세대학교 학위논문.

Institute of Medicine Committee on Quality of Health Care in America; Kohn, L. T., Corrigan, J. M., Donaldson, M. S. editors. (2000). To err is human: building a safer health system. Washington, DC: National Academies Press, 이상일 역(2010), 사람은 누구나 잘못 할 수 있다: 보다 안전한 의료 시스템의 구축. 이퍼블릭.

신은하. (2007). 의료분쟁 발생 현황 및 진료과목별 분쟁 특성 분석. 연세대학교 학위논문.

한국의료분쟁조정중재원. (2016). 예방적 관점에서의 성형외과 의료분쟁 사례집.

김경희, 최재욱, & 이은선. (2015). 1차 의원 의료사고 현황분석(2010－2012): 대한의사협회 의료공제회 사건기록지 분석을 통해. Journal of the Korean Medical Association, 58(4), 336－348.

제2장

눈, 코 및 안면 성형
관련 판례

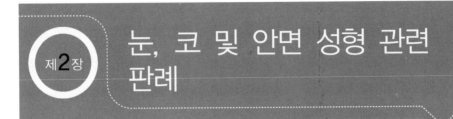

제2장 눈, 코 및 안면 성형 관련 판례

판례 1. 쌍꺼풀 재수술 후 토안 증상, 노출성 각막염이 발생한 사건_서울 고등법원 2011. 5. 12. 선고 2010나79765 판결

1. 사건의 개요

20년 전 쌍꺼풀 수술로 인해 안검하수 증상이 발생한 환자가 안검하수 증상 교정 및 쌍꺼풀 재수술을 위해 피고 병원에 내원하여 수술하였다. 수술 후 지속적인 통증 호소로 여러 차례 치료를 시행하였으나 호전이 없었고 타병원 안과에서 치료받았다. 결국 환자는 우안에 토안 증상 및 각막 하측부에 노출성 각막염증상이 남았다 [서울중앙지방법원 2006. 8. 29. 선고 2005가합14385 판결, 서울고등법원 2007. 5. 31. 선고 2006나87158 판결, 대법원 2010. 8. 19. 선고 2007다41904 판결, 서울고등법원 2011. 5. 12. 선고 2010나79765 판결]. 이 사건의 자세한 경과는 다음과 같다.

날짜	사건 개요
2003. 2. 17.	• 1980년경 쌍꺼풀 수술, 2000년경 양안 진피이식수술 받았고 수술 후유증으로 양안의 안검하수 증상 발생 • 안검하수 증상을 교정하고 자연스러운 쌍꺼풀을 만들기 위해 피고 의원에 내원 (환자 여자. 사고 당시 52세)
	• 내원 당시 양쪽 쌍꺼풀이 움푹 들어가고 폭이 넓고 높으며 비대칭 상태였음 • 피고는 환자와 상담 후, 수술방법에 대해 설명함

날짜	사건 개요
2003. 2. 26.	• 환자의 동의받음 • 안검성형술 후 발생한 가성 안검하수 교정을 위해 몇몇 성형외과 전문의들이 시술한 경험을 토대로 한 시술방식으로 쌍꺼풀 재수술 시행함 • 기존 수술의 영향으로 우안 안검부의 유착이 심하여 수술시간이 통상보다 많이 소요됨
	• 수술 후 우안이 붓고 떠지지 않으며 통증을 느낌
2003. 2. 27.	• 피고 의원에 2003. 3. 2.까지 매일 내원하여 수술부위 소독 및 약 처방받음 • 증상 호전되지 않음
2003. 3. 6.	• 피고는 환자의 우안 수술부위 다시 열어 유착제거 및 복원한 구조물 위치 확인 후 배액관을 꽂아놓고 다시 봉합함
2003. 3. 12.	• 환자 계속 통증 호소함 • 우안 수술부위 다시 열어 이전에 진피이식한 지방덩어리 늘려주고 배액관 제거함
2003. 3. 26.	• 피고는 환자의 토안 증상 발견했으나 일시적 합병증으로 여기고 남은 봉합사 제거함
2003. 3. 30.	• 환자는 심한 통증 호소하며 내원함 • 우안에 각막결막염 증세 발견 • 분당 소재 F안과로 전원
2003. 4. 18.	• 환자는 피고의원에 가지 않고 2004. 6. 25.까지 G가 운영하는 H안과의원에서 각막염 치료받음 • 내원 당시 우안 토안 증상으로 인해 각막 중심부의 심한 상피결손 및 노출성 각막염으로 인한 나안시력 저하(0.3) 소견보임
2004. 6. 25.	• 우안의 나안시력 0.8까지 상태호전
2005. 8. 23.	• 환자는 현재 우안에 토안 증상 및 각막 하측부에 노출성 각막염증상 보임

2. 사건에 대한 판단요지(주장과 판단)

가. 수술상 과실의 존부: 법원 불인정

(1) 원고 측 주장

이 사건 수술 이전에 환자의 양안은 기능상 아무 이상이 없었는데, 피고가 이 사건 수술 및 후속 수술을 통해 과다하게 피부를 제거하거나 윗눈꺼풀올림근을 손상시킴에 따라 우안에 토안 증상이 발생했으므로 수술 상 과실이 있다고 주장한다.

(2) 법원 판단

1980년경 쌍꺼풀수술, 2000년경 양안 진피이식수술을 받고 각 수술의 후유증으로 양안의 안검하수 증상이 발생한 점, 이 사건 수술당시 과거 2회 수술로 인해 우안 안검조직 유착이 매우 심해 수술시간이 통상의 경우보다 많이 소요된 점, K병원에 토안의 원인 등에 관한 감정 의뢰한 결과 여러 차례 수술로 인한 흉터조직 발생 및 수축, 눈둘레근의 기능 저하가 토안의 원인으로 추정되고 이 사건 수술 당시 윗눈꺼풀 피부 및 윗눈꺼풀올림근의 과도한 절제, 신경손상 등은 없었던 것으로 판단되는 점 등에 비추어 보면, 피고에게 수술 상 과실이 있다고 보기 어려움으로, 원고들의 주장은 이유가 없다.

나. 수술 후 처치 미비로 인한 시력 저하 여부: 법원 불인정

(1) 원고 측 주장

피고는 환자의 통증호소에 대해 단순한 수술 후유증으로서 시간이 지나면 자연 회복될 것이라고만 생각하여 토안으로 인한 노출성각막염에 대한 적극적인 처치를 하지 않고 방치한 잘못으로, 환자로 하여금 1년 넘게 노출성각막염 치료를 받게 하였고 이로 인해 우안시력이 현저하게 저하되게 하였으므로 수술 후 처치 미비에 대한 과실이 있다고 주장한다.

(2) 법원 판단

환자의 우안 결막염 치료가 종결될 무렵 우안 나안시력이 0.8까지 호전된 점, 감정의견에 따르면 약간의 시력저하는 이 사건 수술 후 발생한 표층각막미란의 영향이 아닌 초기 백내장 및 경도의 원시성 난시 때문인 것으로 생각된다는 점 등에 비추어 볼 때, 피고에게 수술 후 처치 미비 과실이 있다고 보기 어려우므로, 원고들의 주장은 이유가 없다.

다. 설명의무위반 여부: 법원 인정

(1) 원고 측 주장

수술에 앞서 환자에게 토안 등 예상되는 합병증에 대해 충분히 설명한 후 환자로부터 동의를 받아야 하고, 특히 성형수술처럼 치료행위의 긴급성이 낮은 경우 사소한 합병증과 희소한 위험에 대해서도 포괄적인 설명을 할 필요성이 있음에도 불구하고 피고는 수술로 인해 나타날 수 있는 위험을 제대로 설명하지 아니한 채, 비교적 간단한 수술이 될 것이라고만 설명하였으므로 설명의무를 위반하였다고 주장한다.

(2) 법원 판단

제출된 증거에 따르면 피고가 이 사건 수술에 대한 내용 및 그 후유증에 대해 구체적으로 설명했다고 인정하기 부족하고 달리 이를 인정한 증거가 없으며, 오히려 후유증이 있을 수 있으나 시간이 경과하면 치유된다고 설명하면서 수술을 권유한 사실을 인정할 수 있고 피고도 이 사건 수술 후 3년이 넘도록 토안증상이 계속되리라고 예측하지 못한 점 등을 보면 피고가 수술 후유증 등에 대해 충분히 설명하지 않고 그 장점에 대해서만 강조하여 설명한 것으로 보이므로, 피고는 환자에 대한 설명의무를 다하지 않았고 환자의 선택권을 침해함에 따라 환자가 입은 정신적 고통에 대해 위자료를 지급할 의무가 있다.

3. 손해배상범위 및 책임제한

가. 손해배상책임의 범위

(1) 청구금액: 238,612,312원(원고 A(환자) 229,612,312원＋원고 B 9,000,000원)
(2) 인용금액: 8,000,000원
   ① 재산상 손해: 0원
   ② 위자료: 8,000,000원
      - 원고 A(환자): 8,000,000원

4. 사건 원인분석

환자는 1980년 경 쌍꺼풀수술, 2000년 경 양안 진피이식수술을 받은 기왕력이 있다. 이후 양안의 안검하수 증상이 발생하였고, 안검하수 증상 교정과 자연스러운 쌍꺼풀을 만들기 위해 피고 의원에 내원하였다. 내원 당시 환자는 양쪽 쌍꺼풀이 움푹 들어가고 폭이 넓고 높으며 비대칭 상태였다. 기존 수술의 영향으로 우안 안검부 위의 유착이 심하여 수술시간이 통상 보다 많이 소요되었고, 수술 후 환자는 우안이 붓고 떠지지 않으며 통증을 호소하였다. 이에 소독 및 투약으로 치료하였지만 증상이 호전되지 않았다. 현재 우안에 토안증상 및 각막 하측부에 노출성 각막염 증상을 보이고 있다.

의료인은 환자의 과거 수술 이력에 대한 고려가 미흡했던 것으로 보이며, 수술 후 발생한 토안 증상을 일시적인 합병증으로 간과한 것으로 생각된다. 환자가 수술 후 지속적인 통증을 호소하면 통증의 근본적인 원인을 파악해야 했음에도 그 부분에 대한 해결은 하지 않고, 남은 수술 부위 봉합사를 제거하였다. 또한 수술에 관해 충분한 설명이 이루어지지 않았다. 환자는 수술로 인해 나타날 수 있는 위험에 대해 제대로 설명을 듣지 못한 채, 비교적 간단한 수술이 될 것이라고만 설명을 들었다고 주장하였다. 이 사례에 대하여 보다 일찍 안과로 전원되어 치료받았어야 한다는 자문의의 의견이 있었다.

<표 1> 원인분석

분석의 수준	질문	조사결과
왜 일어났는가? (사건이 일어났을 때의 과정 또는 활동)	전체 과정에서 그 단계는 무엇인가?	- 수술 설명 단계 - 수술 후 경과관찰 단계

가장 근접한 요인은
무엇이었는가?
(인적 요인, 시스템
요인)
	어떤 인적 요인이
	결과에 관련
	있는가?
		• 환자 측
		- 수술 이력(과거 2회 수술로 인해 우안 안검조직
		  유착이 매우 심했음)
		• 의료인 측
		- 환자의 과거 수술 이력에 대한 고려 미흡
		- 수술에 대한 설명 미흡
		- 수술 후 경과관찰 미흡(토안 증상을 일시적 합병
		  증으로 여김)

	시스템은 어떻게 결과에 영향을 끼쳤는가?	

5. 재발방지 대책

<그림 1> 판례 1 원인별 재발방지 사항

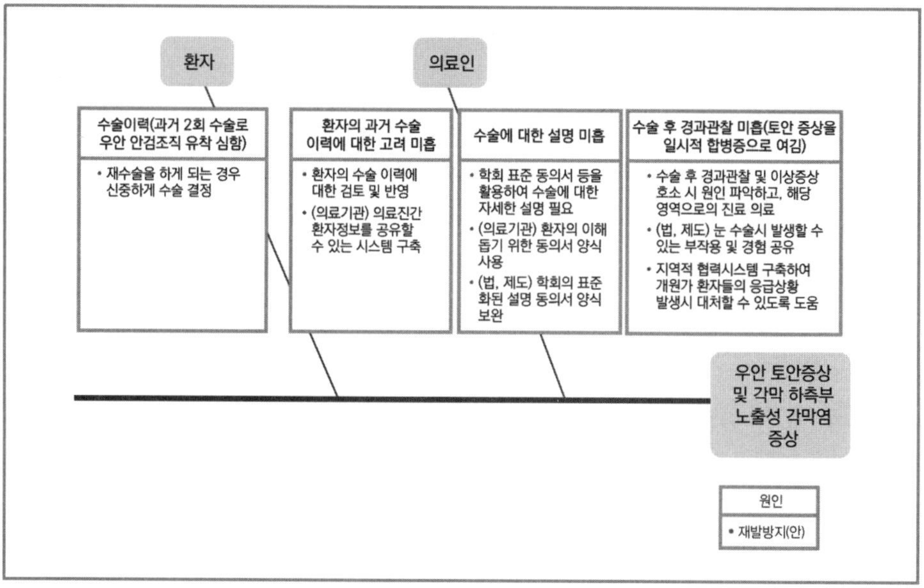

(1) 환자 측 검토사항

재수술을 하게 되는 경우 부작용, 발생 가능한 합병증 등에 대한 설명을 자세히 듣고, 수술을 신중하게 결정하여야 한다.

(2) 의료인의 행위에 대한 검토사항

환자가 재수술인 경우 수술 이력에 대한 검토 및 수술 계획 시 해당 내용의 반영이 필요하며, 더 조심스러운 수술적 접근이 이루어져야 한다. 더불어 수술에 대한 내용 및 후유증 등 자세한 설명을 시행해야 한다. 합병증 발생 가능성 역시 증가할 수 있다는 내용을 추가하여 설명할 필요가 있다. 학회의 표준 눈 수술 동의서에 본 사건에서 발생한 문제들에 대한 설명이 있으므로 이와 같은 수술 시 유용하게 사용할 수 있다.

수술 후 경과 관찰 및 이상증상 호소 시 원인을 정확하게 파악하고, 성형외과 이외의 영역에 대한 증상 호소 시, 해당 영역으로의 진료 의뢰를 주저해서는 안 된다. 더불어 수술 도중 각막손상이 생길 수 있을 가능성에 대해 수술한 의사가 스스로 느꼈다면, 수술 직후 안과 진료를 권하는 등의 개개인의 윤리와 가치에 맡겨지는 부분에 대한 교육이 필요할 것이다.

(3) 의료기관의 운영체계에 대한 검토사항

의료진 간에 환자의 과거력을 정확하게 파악하고 공유할 수 있도록 시스템을 구축하도록 한다. 또한 수술에 대한 자세한 설명 및 환자의 이해를 돕기 위한 동의서 양식 사용하도록 한다.

(4) 학회·직능단체 및 국가 차원의 검토사항

현재 성형수술이 가장 많이 이루어지는 개원가에서 학회의 표준화된 설명 동의서 양식을 활용할 수 있도록, 기존에 개발되어 있는 동의서 양식을 보완하는 작업이 필요하다. 또한 눈 수술 시 발생할 수 있는 심각한 부작용에 대해서는 경험을 공유하고 지속적 예방교육을 할 수 있도록 학회 및 직능단체 차원에서 노력해야 한다. 그리고 의원급 의료기관에서 발생하는 응급상황에 대처할 수 있도록 지역적 협력 시스템을 구축하여 운영하는 것도 하나의 방안이 될 수 있을 것이다.

┃ **참고자료** ┃ 대한성형외과학회 눈성형 수술 동의서

눈수술 전 안내 사항 및 수술 동의서

* 환자이름: _____   [주민등록번호 :   –   ]

* 복용중인 약물: 아스피린( ), 비타민 E( ), 소염제( ), 건강보조식품( ), 기타 _____

* 질병경력: 특정약물 알러지( ), 고혈압( ), 당뇨( ), 기타 특정 질병( )

* 눈에 관련된 수술이나 치료력:

1. 마취

수면에 사용되는 주사제나 국소마취제에 의해 드물게 과민반응이나 쇼크가 생길 수 있습니다. 수면마취 후 메스껍거나 어지럽고 토할 수 있습니다.

2. 수술 전 수술계획 설명

귀하가 눈 수술 받는 내용은 쌍거풀 수술(매몰법, 부분절개, 절개법), 앞트임( ), 뒤트임( ), 상안검 성형수술( ), 눈썹아래 거상술( ), 눈매 교정수술( ), 하안검 성형수술(결막/외부접근), 중안면부 거상술( ), 내시경을 통한 이마 거상술( )입니다.

3. 수술 후 경과 및 합병증

1) 붓기와 멍 혹은 출혈

붓기와 멍은 체질에 따라 지속시간의 차이가 있는데, 대부분 시간이 지나면서 개선이 되며, 특히 수술 후 1–2일째의 냉찜질은 술 후 반상출혈과 부종감소에 도움이 됩니다. 수술 후 드물게 심한 출혈이나 혈종이 발생할 수 있으며, 이에 대한 교정수술이 필요할 수 있습니다. 이는 주로 출혈 소인이 있는 고혈압이나 당뇨, 약물 등의 복용력이 있는 환자에게서 발생하는 것으로 알려져 있습니다.

2) 비대칭

얼굴의 모양은 누구나 정대칭인 경우가 없습니다. 수술 전 눈모양의 비대칭이 있는 경우가 대부분이며, 이에 따라 수술 후에도 양쪽에 차이가 날 수 있습니다. 차이가 심한 경우 교정 수술이 필요할 수 있으며, 그 시기는 원인에 따라 최소 3개월 이상 기다려야 하는 경우도 있습니다.

3) 각막 노출과 안구 건조, 눈물 흘림

수술 초기에 눈꺼풀의 불완전한 닫힘, 일시적인 눈꺼풀 지체나 토끼눈, 증발현상 등에 의해 각막의 노출과 손상 및 안구 건조가 발생할 수 있으며, 대개 수 주에서 수개월 이내에 저절로 좋아지는 것이 대부분이나 드물게 안과 진료가 필요할 수 있습니다.

4) 수술 흉터

눈 주위 수술 후 절개선의 흉은 처음보다 1달에서 3달 사이에 붉고, 단단해질 수 있으나 대개 4-6개월 후에는 많이 호전됩니다. 특히 절개식 쌍거풀 수술 후 비후성 반흔은 극히 드물게 나타나며, 안쪽 눈구석 주변의 절개부위에 간혹 발생할 수 있는데 대부분 마사지나 스테로이드 국소 연고 혹은 주사를 통해 줄어듭니다.

5) 봉입낭종 및 봉합터널

절개 부위에 피지선이나 봉합사의 자극으로 인하여 수술 수주 혹은 수개월 후에 나타날 수 있으나, 대개 수술결과에는 영향을 미치지 않으며 간단히 교정할 수 있습니다.

6) 쌍거풀 풀림

드물게 쌍거풀 line이 약해지거나 풀릴 수 있으며 이에 대한 교정 수술이 필요할 수 있습니다.

7) 눈썹의 위치 변화

각종 상안검 성형술(안검하수 교정술 혹은 쌍거풀 수술 등) 후에 눈썹의 위치가 내려올 수 있습니다. 이로 인해 쌍거풀이 작아진 경우 눈썹을 올리는 수술이 필요할 수 있습니다.

8) 기타

염증, 삼중검 & 불규칙한 눈꺼풀 주름, 눈꺼풀의 위치이상(안검 외반증/안건내반증/눈꺼풀 처짐), 매몰실에 의한 경미한 각막 손상 및 봉합사 만져짐 및 매몰 봉합사 주위의 농양이나 낭형성, 결막의 부종 혹은 충혈, 겹보임 및 바깥눈근육장애, 육아종, 눈물샘 혹은 누관의 손상, 눈 뒤 출혈로 인한 시력 소실 등의 가능성이 있을 수 있습니다.

5. 사진촬영

저희 병원에서는 수술 전, 후 사진 촬영을 하며 필요한 경우 수술 중에도 촬영할 수 있습니다. 사진을 찍는 이유는 수술 전, 후 비교를 통해 결과를 평가할 수 있고 의학발전과 교육을 위해 사용하기 위해서입니다.

* 이 사진들을 상업적인 목적이 아닌 의학발전과 교육을 위한 논문과 학회지 등의 발표에 사용하는 것을 승낙합니다. (   )
* 이 사진들을 환자 본인의 동의하에 온라인 상에 사용하는 것을 승낙합니다.
  (   )

6. 재수술 및 환불에 관한 규정

일반적으로 수술의 최종 결과는 수술 후 3~6개월 가량 경과 후 나타나나, 재수술이거나 체질적인 문제가 있는 경우에는 1년 정도까지 점점 좋아지는 경우도 있습니다. 본인은 이 수술이 최선의 결과를 목표로 하지만 본인의 주관적 기대에 못 미칠 수 있으며, 간혹은 재수술이 필요한 경우가 생길 수 있다는 사실을 이해합니다. 특히 안검하수의 교정, 눈매 교정술, 눈의 재수술의 경우에는 담당의의 판단에 따라서 다시 재수술을 하거나, 교정술을 할 수 있다는 사실을 충분히 이해합니다. 재수술의 시기는 응급으로 시행하거나 혹은 흉터조직이 부드러워지는 3~6개월 이후로 미루어 질 수도 있습니다. 수술한 부위의 흉터가 충분히 부드러워지져야 재수술이 순조롭게 될 수 있기 때문입니다. 이차 수술의 경우 수술비는 서로 간의 협의를 통해 결정하는데 동의합니다.

본인은 수술을 받기에 앞서 현재의 상태, 시행될 수술이나 마취의 성격과 효과, 수술 후에 일어날 수 있는 합병증이나 경과 그리고 재수술이나 환불 규정에 대해 상세한 설명을 들었으며 설명을 들었으며 (   ) 이를 이해하였기에 자발적인 의사로 수술 동의서에 서명합니다.

년   월   일

환자명/법적대리인 :

판례 2. 안면윤곽수술 후 환자에게 편마비, 인지장애 등이 발생한 사건_ 대법원 2015. 6. 11. 선고 2015다12475 판결

1. 사건의 개요

안면윤곽수술 후 신경계 문제가 발생하고 의식이 완전히 회복되지 않았다. 이에 119 통해 타병원으로 전원되었고, 좌측 측두엽 출혈 및 골절으로 경막이 손상되었음을 확인하였다. 위 뇌출혈 및 이로 인해 발생한 뇌경색 등으로 환자는 현재 편마비, 인지장애, 시각장애 등이 발생한 상태이다[서울중앙지방법원 2013. 9. 24. 선고 2012가합 26676 판결, 서울고등법원 2015. 1. 2. 선고 2013나65514 판결, 대법원 2015. 6. 11. 선고 2015다12475 판결]. 이 사건의 자세한 경과는 다음과 같다.

날짜	시간	사건 개요
2011. 10. 25.	11 : 08	• 환자는 피고병원에서 피고 A로부터 안면윤곽수술을 받음(환자 여자. 사고 당시 36세) • 항생제 투여
	11 : 30	• 마취 시작 • 소독, 구강세척, 디자인, 국소마취제 투여 등 수술 전 준비
	12 : 00	• 턱 부위 수술 시작(우측 → 좌측)
	14 : 30	• 턱 부위 수술 종료 • 광대뼈 부위 수술 시작(우측 → 좌측)
	15 : 40	• 광대뼈 부위 수술 종료 • 소독, 항생제 투여, 배액관 삽입 등 수술 후 정리
	16 : 00	• 마취 종료
	16 : 20	• 피고 A는 간호사에게 20분마다 생체징후 측정하면서 회복할 때까지 지켜보고 완전히 깨면 얼굴밴드 착용시킬 것을 지시함
	16 : 40	• 피고 A는 환자의 상태를 확인 한 후 간호사에게 얼굴밴드 착용을 유보하도록 지시함
	17 : 00	• 간호사는 배액관에서 오른쪽 5cc, 왼쪽 3cc가 배출됨을 확인하고 스퀴징함
	17 : 20	• 피고 A는 드레싱 열어봄

날짜	시간	사건 개요
2011. 10. 25.		• 환자 동공반사에서 통상의 환자와 다르다는 사실 확인함
	18 : 20	• 피고 A와 마취의 B는 환자를 다시 수술실로 옮겨 붕대를 풀고 후두 마스크를 재삽입한 후 배액관 위치를 교정하고 메치솔, 라베신을 투여함
	19 : 54	• 마취종료 후 상당시간이 지났음에도 의식을 완전히 회복하지 못하자 의료진은 119 안전신고센터에 신고함
	20 : 02	• 피고병원에 119 도착 • 피고 A는 환자를 ○병원으로 이송해 줄 것을 요청함
	20 : 11	• 환자를 태운 119는 피고병원 출발
	20 : 25	• ○병원 도착
	20 : 51	• 뇌CT검사
	20 : 53	• 뇌MRI검사 실시 • 검사 결과 환자 좌측두부에 다량의 출혈발생 확인 • 심전도, 흉부방사선검사 시행
	21 : 30	• 수술실 이동
	22 : 00	• 개두술 및 혈종제거술 시행
2011. 10. 26.	2 : 30	• 수술 종료 • 수술 당시 환자 좌측 측두엽 손상으로 출혈 발생했고 인접부위 측두골이 골절되어 있으며 경막이 손상되어 있음을 확인함
		• 현재 환자는 좌측 편마비, 인지장애, 시각장애 등이 발생함

2. 사건에 대한 판단요지(주장과 판단)

가. 수술 시행 상의 과실 존부: 법원 인정(제1심, 항소심)

(1) 원고 측 주장

피고 A는 수술과정에서 환자의 안면 부위를 손상시키지 않도록 할 업무상 주의의무가 있음에도 이를 게을리 하였고, 통상 안면윤곽수술의 경우 수술시간이 2~3시간 정도이나 이 사건 수술은 4시간 40분이나 소요된 바, 이 점에서도 수술과정에 문제가 있었음을 간접적으로 알 수 있으므로, 피고에게 과실이 있다고 주장한다.

(2) 피고 측 주장(항소심)

당일 사용한 수술용 진동톱은 연조직에 손상을 가할 수 없고, 절개과정에서 뇌출혈 및 두개골 손상 발생을 예견하거나 회피할 수 없었다고 주장한다.

(3) 법원 판단

① 환자는 수술 및 마취가 종료된 후 약 4시간 후에도 의식을 완전히 회복하지 못했고, ○병원으로 전원 직후 시행된 검사 결과 환자의 좌측 두부에 다량의 출혈이 발생하였음이 확인된 점, ② 그 직후 시행된 개두술 및 혈종 제거술 당시 환자의 좌측 측두엽이 손상되어있었고 측두골 골절 및 경막 손상이 확인된 점, ③ 뇌출혈로 인해 뇌경색이 발생한 점, ④ 좌측 측두엽 및 측두골 부위는 이 사건 수술 부위와 인접한 부위인 점, ⑤ 두개골 골절로 인해 뇌출혈이 발생할 수 있는 점, ⑥ 경막하 출혈의 가장 큰 원인은 두부외상인 점, ⑦ 이 사건 수술 외에 환자에게 뇌출혈 및 두개골 손상을 발생시킬 만한 다른 사정은 발견할 수 없는 점 등에 비추어 보면, 피고 A의 수술 시행 상 과실이 있다고 봄이 상당하다.

피고 측 주장과 관련해 ① 의료용 진동톱은 칼이 연조직을 자르는 것보다 덜하다는 것으로, 진동톱이 연조직에 손상을 전혀 가할 수 없다고 볼 수 없는 점, ② 이 사건 수술은 진동톱 뿐만 아니라 각종 도구를 이용해 뼈를 깎는 과정으로 진행되었기에 의사가 힘조절을 제대로 하지 못하는 경우 골절이 발생할 수 있는 점, ③ 환자는 과거 광대뼈 제거수술을 받은 바가 있어 재수술에 따르는 위험부담이 컸고 피고 A도 이를 잘 알고 있었던 점, ④ 뇌와 인접한 수술부위에서 뇌출혈 발생가능성이 전혀 배제된다고 단정할 수 없는 점, ⑤ 뇌와 가까운 얼굴부위를 절개하는 수술이므로 신체기능 장애의 발생가능성은 상존한다고 보아야 한다는 점, ⑥ 안면윤곽술 과정에서의 뇌출혈과 관련된 사례 및 논문도 있는 점 등에 비추어 보면, 피고 A는 수술 당시 최선의 주의를 기울였다면 환자의 두부골절 및 뇌출혈을 예견하거나 회피할 수 있었다고 보이므로, 피고들의 주장은 이유가 없다.

나. 수술 후 조치상의 과실 존부: 법원 불인정

(1) 원고 측 주장

① 피고 A는 라베신과 메치솔을 한꺼번에 투여할 정도로 환자의 상태가 좋지

않았고 통상 마취에서 깨어나 의식을 회복하는 2시간이 훨씬 지나서도 환자가 의식을 회복하지 못하였으며 수술 당일 17 : 20경 동공반사검사에서 통상의 환자와 다르다는 사실을 확인하였음에도 주의의무를 게을리 하여 적절한 대응 및 신속한 전원조치를 이행하지 않았고, ② 환자의 보호자에 연락을 취하지 않은 채 상당시간 환자를 회복실에 방치하고 약물투여 외 별다른 조치를 하지 않았으며, ③ 환자의 활력징후가 정상임에도 수술당일 18 : 20경 특수상황 외에 일반적으로 사용되는 약물이 아닌 라베실과 메치솔을 동시에 투여했음을 비추어 볼 때 진료기록을 사후에 허위 조작한 의심이 되며, ④ 환자 상태가 위급했음에도 가까운 병원으로 이송하지 않고 같은 대학 출신 의사들이 있는 피고병원에서 멀리 떨어진 ○병원으로 이송시키는 등 수술 후 조치 상에 과실이 있다고 주장한다.

(2) 법원 판단

① 환자에 따라 전신마취 후 의식을 완전히 회복하는 시간 차이가 발생할 수 있는 점, ② 피고 A는 수술 후 간호사에게 환자에 대한 수술 후 관리를 지시하였고 이에 따라 조치를 취한 점, ③ 환자가 119구급차로 이송될 때까지도 동공부동증 외 생체징후에 이상이 없었던 점, ④ 수술 당시 광대뼈 주위에 국소마취를 하였는데, 동공부동증은 눈 주변 국소마취로 인해 발생할 수 있는 점, ⑤ 안면윤곽수술 중 뇌출혈 발생 가능성은 예견하기 어려울 정도로 희박한 점, ⑥ 이에 반해 하악골 부위의 출혈 및 부종은 빈번한 합병증인데, 피고 A 및 마취의 B는 이로 인하여 환자의 의식이 회복되지 않는 것으로 생각하고 출혈 및 부종완화를 위해 라베신과 메치솔을 투여한 것으로 보이는 점, ⑦ 투여된 메치솔과 라베신 용량이 과다투여 되었다고 보기 어려움 점, ⑧ ○병원 전원시 환자의 생체징후와 피고병원에서 측정한 생체징후가 큰 차이가 없는 점, ⑨ 피고병원에서 ○병원으로 환자를 이송하는데 소요된 시간은 불과 14분이었던 점, ⑩ 피고 A는 전원 전 미리 ○병원 의료진에 연락하여 환자의 진료가 신속히 이루어질 수 있도록 부탁하였고 전원 후 비교적 신속하게 이루어진 점 등이 비추어 보면, 피고가 적절한 대응조치 및 신속한 전원조치를 하지 않은 과실이 있다고 인정하기 어렵고, 달리 이를 인정할 만한 증거가 없으므로 원고들의 주장은 이유 없다.

다. 설명의무 위반 여부: 법원 불인정(제1심) → 법원 인정(항소심)

(1) 원고 측 주장

피고 A는 수술 전 환자에게 수술 중 발생할 수 있는 뇌손상의 후유증에 대해 전혀 설명하지 않았고 환자가 서명한 것으로 보이는 수술 동의서에도 이에 대한 아무런 기재가 없으므로 피고에게 과실이 있다고 주장한다.

(2) 법원 판단

안면윤곽수술 도중 뇌출혈이 발생한 사례가 존재하는 점, 뇌에 인접한 부위의 뼈를 절개하는 수술 방법에 비추어 뇌출혈 발생가능성이 전혀 배제된다고 단정할 수 없는 점, 의사의 설명의무는 위험 발생 가능성이 희소하다는 사정만으로 면제된다고 볼 수 없는 점에 비추어 보면, 피고 A가 수술로 인하여 발생할 수 있는 뇌출혈 가능성에 대해 설명하였다고 인정하기 부족하고, 달리 이를 인정할만한 증거가 없으므로 원고들의 주장은 이유 있다.

3. 손해배상범위 및 책임제한

가. 의료인 측의 손해배상책임 범위: 60% 제한

나. 제한 이유

(1) 광대뼈축소술은 재수술이어서 난이도가 높은 수술이었던 점

(2) 안면윤곽수술 도중 뇌출혈이 발생하는 경우는 극히 드문 점

(3) 수술 후 환자의 생체징후에 별다른 이상이 없었고 동공부동증의 경우 국소마취제의 영향으로도 발생할 수 있는 것이어서 피고 A가 조기에 뇌출혈발생을 발견하기 어려웠던 것으로 보이는 점

(4) 피고 A 등 병원 의료진이 수술 시부터 전원시까지 환자의 상태를 지속적으로 확인하였던 점

(5) 피고 A가 전원 전 미리 ○병원에 연락하여 진료가 신속히 이루어질 수 있도록 노력한 점

(6) 의료행위는 모든 기술을 다하여도 예상외 결과가 생기는 것을 피할 수 없는 위험한 행위인 점

다. 손해배상책임의 범위

(1) 청구금액: 1,956,355,320원(원고 A(환자) 1,916,355,320원 + 원고 B, C[1] 각 20,000,000원)

(2) 인용금액: 580,682,943원

　① 재산상 손해: 520,682,943원(= 1,304,567,126원 × 60% − 262,057,331원)
　　− 일실수입: 348,854,897원
　　− 기왕치료비 및 부대비용: 35,797,966원
　　− 향후치료비: 184,763,084원
　　− 개호비: 733,569,379원
　　− 보조구 비용: 1,581,800원
　　− 공제: 262,057,331원(기지급액 22,057,331원 + 공탁금 240,000,000원)

　② 위자료: 60,000,000원
　　− 원고 A(환자): 40,000,000원
　　− 원고 B, C: 각 10,000,000원

4. 사건 원인분석

환자는 안면윤곽수술을 위해 입원하였고, 마취 후 턱과 광대뼈 부위 수술을 진행하였다. 수술 및 마취가 종료된 후에 의료진은 환자의 배액관의 상태만 확인하고, 의식상태를 확인하지 않았다. 의료진은 수술 종료 약 1시간이 지난 후 환자의 동공반사가 이상하다는 사실을 알게 되었고, 이후 응급처치를 시행하며 타병원으로 전원하여 개두술 및 혈종제거술을 시행하였다. 수술 당시 환자는 좌측 측두엽 손상으로 출혈이 발생했고, 인접부위 측두골이 골절되어 있으며 경막이 손상되어 있었다. 현재 원고는 좌측 편마비, 인지장애, 시각장애 등이 발생한 상태이다.

---

1) 원고 A(환자)의 부모.

　이 사건에서는 성형수술 술기가 미흡한 점이 가장 큰 원인인 것 같다는 자문의
견이 있었다. 의사는 환자 수술 시 골절 및 출혈을 발생시켰고, 수술 후 환자관리 역
시 미흡하였다. 4시간 동안 의식을 회복하지 못한 환자에 대해 신경계 손상을 의심하
지 못했다. 또한 환자에게 수술 중 발생할 수 있는 뇌손상의 후유증에 대해 전혀 설
명하지 않았고, 환자가 서명한 것으로 보이는 수술 동의서에도 이에 대한 아무런 기
재가 없었다.

〈표 2〉　원인분석

분석의 수준	질문	조사결과
왜 일어났는가? (사건이 일어났을 때의 과정 또는 활동)	전체 과정에서 그 단계는 무엇인가?	- 수술 단계
가장 근접한 요인은 무엇이었는가? (인적 요인, 시스템 요인)	어떤 인적 요인이 결과에 관련 있는가?	• 의료인 측 - 수술 시 골절 및 출혈 발생시킴 - 수술 후 환자관리(4시간 동안 의식 회복하지 못했 　음(환자마다 차이 존재할 수 있음)) - 설명 미흡 - 장시간 지속된 동공부동증에 대해 신경계 손상 의 　심했어야 함
	시스템은 어떻게 결과에 영향을 끼쳤는가?	

5. 재발방지 대책

〈그림 2〉 판례 2 원인별 재발방지 사항

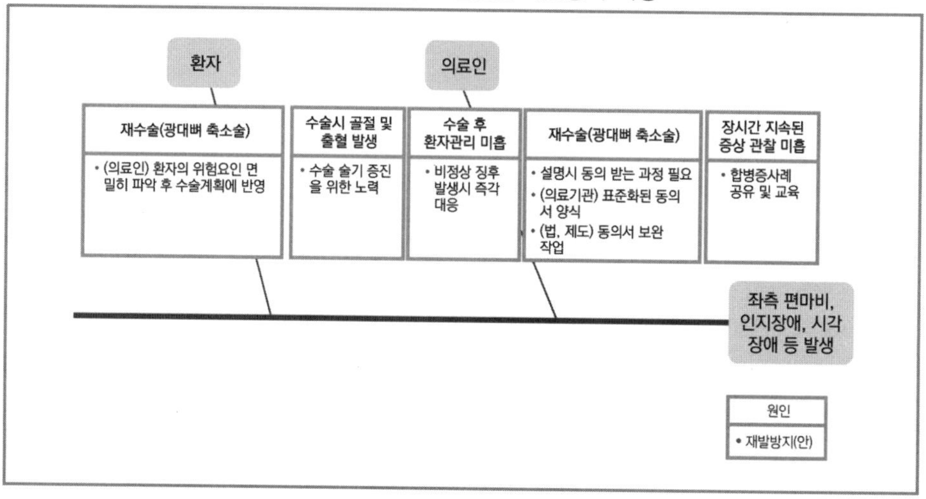

(1) 의료인의 행위에 대한 검토사항

의사는 수술 술기의 향상을 위하여 노력하여야 한다. 또한 수술 후 환자 상태 관찰 및 의식회복 과정에 대한 철저한 관리가 필요하며, 비정상적인 생체 징후 발생 시 즉각적인 대응이 필요하다. 그리고 수술 후 발생가능한 후유증에 대한 설명을 상세하게 시행하고 동의를 받는 과정이 이루어져야 한다.

(2) 의료기관의 운영체계에 대한 검토사항

수술에 대한 자세한 설명 및 환자의 이해를 돕기 위한 표준화된 동의서 양식을 사용하며, 해당 수술에서 발생하는 아주 드문 합병증인 경우에도 설명을 시행하고 동의서 작성 시 포함될 수 있도록 한다. 또한 체계적인 수술 후 환자 관리 시스템을 마련한다.

(3) 학회·직능단체 차원의 검토사항

현재 사용 및 제공되고 있는 표준화된 설명 동의서 양식의 보완 작업을 시행한다. 또한 합병증 사례에 대한 공유 및 지속적인 교육을 실시하고, 발생 가능성이 희박한 합병증들이 발생하였던 사례들을 모아 이에 대한 대처를 할 수 있도록 교육을 시행한다.

┃ 참고자료 ┃ 대한성형외과학회 안면윤곽수술동의서

수술 설명 및 동의서

성명 :

수술명 :

수술방법

경과 중 발생 가능한 증상들

* 감각저하, 이상 감각

일시적인 현상으로 수개월 내에 회복되는 경우가 많지만 12 – 24개월에 걸쳐 서서히 호전
되기도 합니다. 감각저하나 이상감각이 계속 남는 경우는 매우 드뭅니다.

* 비대칭

정상적으로 좌, 우 얼굴이 완전히 대칭인 경우는 없습니다. 양쪽의 완전한 교정보다는 현
재 상태보다 완화되는 정도입니다.

* 표정근의 비대칭

정상적으로도 표정근의 비대칭은 있을 수 있으며, 수술 후 일시적으로 비대칭이 강조돼 보
일 수 있습니다.

* 살이 남는 현상

시간이 지나면서 어느 정도 회복되지만, 눈에 띄는 경우 연부조직에 대한 추가적인 시술이
필요할 수 있습니다.

* 절골된 뼈가 일부 섬유성 결합으로 치유되는 경우도 있으며, 임상적으로는 정상인 경우라
하더라도 방사선 소견이 일치하지 않을 수 있습니다.

* 출혈, 혈종, 염증

대부분 약물치료로 호전이 되고, 경우에 따라 수술적인 처치를 시행할 수도 있습니다.

* 절개 부위에 생긴 반흔은 시간이 지남에 따라 호전되지만, 체질에 따라 심하게 남는 경우
도 있습니다.

드문 합병증

* 불유합의 경우 재고정이 필요할 수도 있습니다.
* 심한 혈종으로 인한 호흡곤란
  매우 드물지만, 생기는 경우에는 삽관술, 기관절제술, 응급실로의 이송 등이
  필요할 수 있습니다.

마취와 연관된 드문 합병증

* 목이나 코의 통증은 시간이 지나면 자연적으로 회복됩니다.
* 약제성 간 손상, 신장 손상을 예방하기 위해 미리 간과 신장기능에 대한 혈액검사를 시행
  합니다.
* 호흡기와 관련해 흡인성 폐렴, 무기폐가 발생할 수 있습니다.
* 순환기와 관련해 부정맥, 쇼크, 심장마비가 발생할 수 있습니다.
* 선천적 특이구조, 체질, 기형 등으로 인한 불가항력적인 심각한 합병증이 발생할 수 있습
  니다.
* 매우 드문 일이긴 하지만, 합병증 발생 시 심폐소생술과 3차 의료기관으로의 이송이 필요
  할 수 있으며, 최악의 경우 영구적인 장애나 사망의 가능성이 있습니다.

본인은 수술 내용과 수술 후의 경과 및 주의사항에 대해 충분한 설명을 들었으며,
드물지만 예상치 않은 합병증도 발생할 가능성이 있다는 점을 인지한 상태에서
본인의 의지로 수술에 동의합니다.

날짜 :　　　　년　　　　월　　　　일

주민등록번호 :

성명 :　　　　　　　　　　　서명

판례 3. 코성형 재수술 후 감염이 발생한 사건_대법원 2015. 10. 15. 선고 2015다225950 판결

1. 사건의 개요

코성형술과 상안검성형술 경험이 있는 환자가 피고의 병원에서 눈썹거상술, 미세지방이식술, 개방형 코성형술을 받고 감염이 발생한 사건이다[서울중앙지방법원 2014. 9. 18. 선고 2013가단90554 판결, 서울중앙지방법원 2015. 6. 25. 선고 2014나57470 판결, 대법원 2015. 10. 15. 선고 2015다225950 판결]. 이 사건의 자세한 경과는 다음과 같다.

날짜	사건 개요
2011. 2. 14	• 환자는 피고병원에 내원하기 10년 전쯤 다른 병원에서 코성형술과 상안검성형술을 받음 • 피고병원에서 1차 수술(눈썹거상술, 미세지방이식술, 개방형 코성형술)을 받음
2011. 3. 8	• 피고병원에서 2차 수술(비개방형 코끝 성형술) 받음
2011. 3. 12	• 우측 콧구멍 안쪽 절개한 곳이 벌어져 이를 막기 위한 비중격 점막 전진 피판술 받음
2011. 3. 18	• 피고는 환자 코에서 연조직염이 발생하였음을 인지하고 소독방법을 바꾸고 세균검사 시행 및 항생제치료 지속함
2011. 3. 23	• 환자가 대학병원에서 치료받기 원하여 피고는 소견서 작성해 줌 • ○대학병원에서 진료받음
2011. 3. 24	• ○대학병원에서 2일차 진료받은 후 다시 피고병원에 입원함 • 이후 2011. 4. 26.까지 피고병원에서 염증치료 받음

2. 사건에 대한 판단요지(주장과 판단)

가. 염증 발생시킨 과실: 법원 불인정

(1) 원고 측 주장

1차 수술 후 최소한의 안정기(4주)조차 지나지 않았음에도 피고는 2차 수술을 하여 환자에게 염증이 생기게 하였고, 코 변형이라는 악결과를 발생시켰으므로 피고에게 과실이 있다고 주장한다.

(2) 법원 판단

진료기록감정 촉탁결과에 따르면, 절개가 적은 비개방성 코끝성형술인 2차 수술의 감염 위험성이 높았다고 할 수 없고 반복적인 수술의 경우 감염 위험성이 높다는 사실만으로 2차 수술시 잘못된 처치로 인해 감염을 일으켰다고 보기 부족하며 이를 인정한 증거가 없으므로 원고 측의 주장은 이유 없다.

나. 사후 처치상의 과실 및 전원의무 위반 과실: 법원 불인정

(1) 원고 측 주장

감염만으로 중증 변형 등이 발생할 가능성이 적은데, 환자에게 중증변형이 발생한 것은 염증 발생 후 피고의 처치에 문제가 있었던 것이고 다른 병원에서 치료받을 수 있도록 전원시키지 않았음으로 이에 대한 과실이 있다고 주장한다.

(2) 법원 판단

연부조직 감염이 모두 중증변형을 동반하지 않는 사실 및 환자에게 중증변형이 발생하였다는 사실만으로 염증발생 후 피고의 감염 처치에 문제가 있었다고 보기 어려울 뿐 아니라 피고는 환자가 대학병원에서 진료받을 수 있도록 소견서를 작성하였고 환자는 대학병원 진료 후 다시 피고병원에 입원하여 치료받은 사실을 볼 때 피고가 전원의무를 위반하였다고도 보기 어려움으로 원고 측의 주장은 이유 없다.

다. 눈썹 부위 반흔에 대한 과실: 법원 불인정

(1) 원고 측 주장

피고로부터 눈썹거상술을 받은 뒤 눈썹 부위 양쪽에 각 5cm의 반흔이 발생하였으므로 피고는 이에 대한 과실이 있다고 주장한다.

(2) 법원 판단

환자의 반흔은 눈썹거상술의 일반적인 합병증 범위를 벗어났다고 볼 수 없고 피고의 과실행위에 관한 구체적인 주장 및 입증이 없으므로 원고 측의 주장은 이유 없다.

라. 설명의무 위반 여부: 법원 인정

(1) 원고 측 주장

피고가 설명의무를 위반했다고 주장한다.

(2) 법원 판단

증거로 제출된 수술 동의서에 따르면 동의서에 환자가 경험하게 된 부작용에 대한 설명이 없고 중요내용 강조 및 체크표시 등이 없으며, 1차 수술 후 4주간 안정이 필요한데 그 기간이 경과하기 전 수술을 할 경우의 후유증에 대한 설명을 했다는 아무런 자료가 없으므로 수술 동의서만으로는 피고가 설명을 제대로 했다고 보기 어려움에 따라 환자의 자기결정권을 침해하였으므로 피고에게 과실이 있다.

3. 손해배상범위 및 책임제한

가. 손해배상책임의 범위

(1) 청구금액: 75,149,897원
(2) 인용금액: 10,000,000원
   ① 재산상 손해: 0원
   ② 위자료: 10,000,000원
      - 피고 B: 7,500,000원
      - 보험회사: 2,500,000원(= 7,500,000원 - 자기부담금 5,000,000원)[2]

4. 사건 원인분석

이 사건에서 환자는 내원하기 10년 전 타병원에서 코성형술과 상안검성형술을 받은 기왕력이 있었다. 이후 피고병원에서 1차 수술(눈썹거상술, 미세지방이식술, 개방형 코성형술)을 받고, 한 달 후 2차 수술(비개방형 코끝성형술)을 받았다. 이후 우측 콧구멍

---

[2] 본 소송에서 대법원은 보험회사의 자기부담금 500만 원과 이에 대한 지연손해금 부분을 파기하고, 이 부분 사건을 다시 심리·판단하도록 원심법원에 환송하였음.

안쪽 절개부위가 벌어져 이를 막기 위한 비중격 점막전진 피판술을 받았으나 연조직염이 발생하여 항생제 염증 치료를 받았다.

환자는 과거 유사한 수술을 한 이력이 있기 때문에 재수술 시 감염 및 발생 가능한 상황들에 대한 조치를 미리 취했어야 하였다. 또한 자문위원들은 염증이 발생한 경우 그에 대한 치료가 빨리 이루어져야 하는데, 이 사건에서는 치료가 늦었다는 의견을 제시하였다. 더불어 의료진은 환자에게 부작용에 대한 충분한 설명을 하지 않았다.

〈표 3〉 원인분석

분석의 수준	질문	조사결과
왜 일어났는가? (사건이 일어났을 때의 과정 또는 활동)	전체 과정에서 그 단계는 무엇인가?	– 수술 설명 단계 – 수술 후 경과 관찰 단계
가장 근접한 요인은 무엇이었는가? (인적 요인, 시스템 요인)	어떤 인적 요인이 결과에 관련 있는가?	• 환자 측 – 과거 수술 이력 • 의료인 측 – 설명 미흡 – 감염 관리
	시스템은 어떻게 결과에 영향을 끼쳤는가?	

5. 재발방지 대책

〈그림 3〉 판례 3 원인별 재발방지 사항

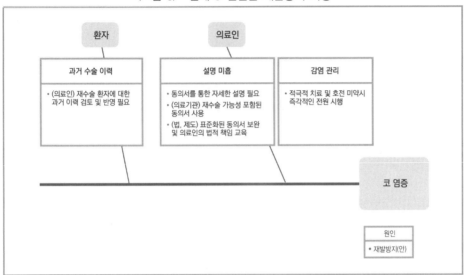

(1) 의료인의 행위에 대한 검토사항

재수술인 환자의 경우, 수술 이력에 대한 검토 및 반영이 필요하다. 수술 부위 감염이 발생할 시 적극적인 치료가 필요하며, 증상의 호전이 미약할 시에는 즉각적인 전원을 시행하여야 한다. 또한 수술에 대한 내용 및 후유증, 감염 가능성 등에 대하여 자세하고 충분한 설명을 시행하여야 하며, 동의서에 사인을 받는 행위 자체가 아니라 동의서 내용을 환자가 이해할 수 있도록 설명하는 과정이 중요함을 의료인이 인지하여야 한다.[3]

(2) 의료기관의 운영체계에 대한 검토사항

수술에 대한 자세한 설명을 위해 재수술 가능성이 포함된 동의서를 사용하고, 수술 부위 감염을 예방하기 위한 기관별로 대책을 마련하여야 한다.

---

[3] Park, B. Y., Kwon, J. W., Kang, S. R., & Hong, S. E. (2016). Analysis of Malpractice Claims Associated with Surgical Site Infection in the Field of Plastic Surgery. Journal of Korean medical science, 31(12), 1963－1968.

(3) 학회·직능단체 차원의 검토사항

현재 사용 및 제공되고 있는 표준화된 설명 동의서 양식의 보완 작업을 시행하여야 하며, 의료인의 법적 책임 등에 대한 교육을 시행하여야 한다.

┃참고자료┃ 대한성형외과학회 코성형 수술 동의서

코수술 전 안내 사항 및 수술 동의서

* 환자 이름 : _____   [주민등록번호 :   ]

* 복용중인 약물: 아스피린( ), 비타민 E( ), 소염제( ), 건강보조식품( ), 기타 _____
* 코에 관련된 수술이나 치료력 :

1. 마 취

1) 수면마취

수면에 사용되는 주사제나 국소마취제에 의한 쇼크가 생길 수 있습니다.
수면마취 후 메스껍거나 어지럽고 토할 수 있습니다.

2) 전신마취

기도 내로 삽입되는 튜브로 인해 수술 후 목이 따끔거리고 아플 수 있습니다. 시간이 지나면서 저절로 좋아집니다. 마취제의 사용에 따른 합병증이 발생할 수도 있습니다. 합병증에는 호흡기 문제, 약물반응, 마비, 뇌손상, 사망 등이 있습니다.

2. 수술 전 특이 사항과 수술계획 설명

1) 콧등

2) 코끝

3) 기타

3. 수술 후 경과

1) 피부 절개 부위

피부절개선의 반흔이 남으며, 반흔 유착이 있을 수 있습니다.

개인마다 차이가 있지만, 흉터의 붉은 기운이 빠지는 데에는 6개월에서 1년 정도가 걸립니다.

붓기와 멍은 체질에 따라 차이가 있는데, 체질적으로 멍이 잘 드는 경우는 시술 후에도 수개월까지 코, 눈, 얼굴 등에 색소침착이 있을 수 있습니다. 대부분 시간이 지나면서 개선이 됩니다.

2) 보형물의 삽입

수술 후 나이가 들면서 피부가 얇아지면 보형물이 만져지거나 비쳐 보일 수 있습니다.

이물반응으로 인한 염증, 피부색 변화, 좌우 비대칭, 이물감 등이 생길 수 있습니다.

수술 후 몇 개월이 지나고 나서도 환자분의 생활환경(스트레스, 과도한 음주, 흡연, 외상 등)에 따라 신체면역력이 저하되면 염증 등의 부작용이 발생할 수 있으며 이는 수술에 대한 병원의 책임은 아닙니다.

3) 자가조직 및 연골이식

＊사용할 연골 : 비중격연골( ), 귀연골( ), 가슴연골( )

연골이식을 이용하여 코끝성형을 하게 되면 코끝이 전보다 딱딱해지고 움직임이 적어집니다. 6개월 정도가 지나면서 조금씩 부드럽게 됩니다.

자가조직은 안전한 재료이기는 하지만, 시간이 지나면서 조금 흡수되어 부피가 감소될 수 있습니다.

코끝 피부가 얇은 경우에는 이식한 연골이 느껴지거나 비쳐 보일 수 있습니다.

코끝 피부가 두꺼운 경우에는 시술 후 붓기가 줄어들고 모양이 나오는데 1년 이상 걸릴 수도 있습니다.

4) 대칭성

얼굴의 모양은 누구나 정대칭인 경우가 없습니다. 눈의 크기가 좌,우가 다르듯이 콧대의 모양이나 콧구멍의 모양도 양쪽이 조금씩 다릅니다. 수술 후에도 콧구멍, 코끝, 콧등, 코뼈모양, 좌우 측면의 모양 등을 완전한 정대칭으로 만들기는 어렵습니다.

5) 기타

시술 후 3-6개월까지는 코 피부의 감각이 떨어지며, 코 내부의 후각이 둔해지기도 합니다. 시간이 지나면 대부분 좋아집니다.

수술 초기에는 코 내부 점막에서 분비되는 분비물의 양이 줄어들어 코가 건조할 수 있습니다. 식염수를 적신 솜을 넣어주거나 연고를 바르시면 조금 더 편해집니다.

4. 합병증

* 보형물에 의한 염증발생

세계적인 통계로 보면 코수술 후에 1.7 − 2.8% 빈도의 염증이 불가항력으로 발생한다고 합니다. 염증의 증상은 1) 몸 전체와 코 부위에 열이 나고 2) 코 부위가 붉어지며 3) 콧등이나 코끝이 붓고 물렁한 느낌이 들며 4) 통증이 심해집니다. 대개는 수술 후 5일에서 14일 사이에 발견되지만, 드물게 2주가 지나고 나서 발생하는 경우도 있습니다.

염증이 발생하더라도 적절히 치료 받으면 크게 문제 될 것은 없습니다. 다만, 치료기간이 조금 더 길어지고, 재수술이 필요할 수 있으며, 재수술을 할 때까지 코의 상태를 봐서 일정기간을 기다려야 되는 부담이 있습니다.

염증이 콧등에서 시작되었다면 보형물을 제거해야 될 수도 있습니다. 일단 보형물을 제거하고 나서는 추후 경과를 보아 적절한 시기에 재수술을 시행하여야 됩니다. 재수술의 시기는 6개월에서 1년 이후로 미루어 질 수도 있습니다. 수술한 부위의 흉터가 충분히 부드러워져야 재수술이 순조롭게 될 수 있기 때문입니다.

* 수술 후 혈관에서 출혈이 되어 혈종이 생길 수 있습니다.
* 비중격 혈종이 발생할 경우 비중격에 천공이 발생할 수 있습니다.
* 코뼈 절골술을 시행한 경우 다시 튀어나오거나 불규칙한 표면이 만져질 수 있습니다. 넓은 코뼈를 절골하여 줄인 경우 다시 넓어질 수도 있습니다.
* 코막힘 증상이 발생할 수 있습니다.
* 귀연골을 이용하는 경우 귀모양의 변화가 올 수 있습니다.
* 이외에도 예측할 수 없는 기타 합병증 및 후유증 등의 부작용이 생길 수 있습니다.
  (시력감소, 후각장애, 치아손상, 피부괴사 등)

5. 사진촬영

저희 병원에서는 수술 전, 후 사진 촬영을 하며 필요한 경우 수술 중에도 촬영할 수 있습니다. 사진을 찍는 이유는 수술 전, 후 비교를 통해 결과를 평가할 수 있고 의학발전과 교육을 위해 사용하기 위해서입니다.

* 이 사진들을 상업적인 목적이 아닌 의학발전과 교육을 위한 논문과 학회지 등의 발표에 사용하는 것을 승낙합니다. (   )

6. 재수술 및 환불에 관한 규정

1) 수술 후 상처가 아물고 자연스러워 지는 데에는 약 6개월의 시간이 필요하므로 그 전에 성급하게 재수술에 대한 여부를 판단하기는 어렵습니다.

2) 수술 후 1년–2년이 지나도 객관적인 기준에 의해 수술이 만족스럽지 못한 경우에는 본원에서 추가 또는 재수술을 받을 수 있습니다. 재수술의 종류에 따라 추가 비용을 부담하실 수도 있습니다.

3) 수술 후 1년 이상의 기간이 지나고 나서 발생하는 문제들은 수술과의 연관성 보다는 본인의 생활습관이나 일상에서 일어날 수 있는 문제이므로 본원에서는 수술과 연관하여 책임을 지지 않습니다.

본인은 수술을 받기에 앞서 현재의 상태, 시행될 수술이나 마취의 성격과 효과, 수술 후에 일어날 수 있는 합병증이나 경과 그리고 재수술이나 환불 규정에 대해 상세한 설명을 들었으며 (   ) 이를 이해하였기에 자발적인 의사로 수술 동의서에 서명합니다.

년   월   일

환자명/법적대리인 :

판례 4. 파라핀 제거술을 시행한 후 의식을 회복하지 못하고 사망한 사건_서울고등법원 2011. 7. 26. 선고 2011나2939 판결

1. 사건의 개요

과거 타병원에서 양쪽 볼에 주입한 파라핀 등 이물질 제거 위해 내원하여 제거술 시행하였다. 수술 후 의식이 회복되지 않아 119구조대에 신고하여 타병원 전원하였으나 사망한 사건이다[서울중앙지방법원 2010. 12. 8. 선고 2009가합83303 판결, 서울고등법원 2011. 7. 26. 선고 2011나2939 판결]. 이 사건의 자세한 경과는 다음과 같다.

날짜	시간	사건 개요
2009. 1. 14.		• 환자는 과거 다른 병원에서 양쪽 볼에 주입한 파라핀 등의 이물질을 제거하기 위해 피고가 운영하는 의원 내원(환자 여자. 사고 당시 45세)
	15 : 45	• 수술준비
	16 : 00	• 환자에게 지속적 정주기계를 이용하여 2% 프로포폴 약 18 – 19cc, 레미펜타닐 약 8cc를 투여하여 수면마취 유도한 후 파라핀제거술 시행
	17 : 05	• 수술종료
	17 : 25	• 수술종료 20분이 지나도 환자는 깨어나지 못하고 산소포화도 76%까지 하락하기 시작 • 피고는 코를 통한 산소 공급장치에서 얼굴마스크로 교체하고 산소주입을 10L/min으로 증가시키며 airway를 삽입하였으나 산소포화도 오르지 않음 • 기관내 삽관 시도하였으나 실패하여 계속 앰부배깅하였으나 환자 동공 확장됨 • 119신고하여 119도착 후 다시 기관내 삽관 시도하였으나 실패했고 당시 산소포화도 70 – 80%
	17 : 38	• 응급이송
	17 : 54	• O병원 도착했으나 심정지 상태에 빠졌고 심폐소생술을 시행했으나 결국 사망함

2. 사건에 대한 판단요지(주장과 판단)

가. 프로포폴과 레미펜타닐을 혼합 투여한 과실 여부: 법원 불인정

(1) 원고 측 주장

프로포폴과 레미펜타닐을 같은 정맥주사 혼합액에 혼합하여 사용해서는 아니됨에도 두 마취제를 같은 정맥주사에 혼합해서 사용한 과실이 있다고 주장한다.

(2) 법원 판단

피고는 프로포폴과 레미펜타닐을 각기 다른 정맥 투여 카테터에 넣어 동시 투여했고, 프로포폴은 진정 등에 효과가 있고 레미펜타닐은 진통효과가 있어 이와 같은 수면마취 유도방법은 일반적으로 많이 사용하고 있는 방식이므로 원고의 주장은 이유 없다.

나. 프로포폴 과다 투여 과실 여부: 법원 인정

(1) 원고 측 주장

피고가 환자에게 프로포폴을 과량 투여함으로써 호흡저하 증상을 일으키게 한 과실이 있다고 주장한다.

(2) 법원 판단

수술 및 진단 시 의식하 진정을 유지하기 위해 프로포폴을 사용하는 경우 지속적 정맥주사로 $25-75\mu g/kg/min$를 투여하는 것이 정량이고, 환자의 체중이 53kg임을 고려하면 환자에 대한 프로포폴 적정 투여량은 86.1mg−258.3mg인데 피고가 투여한 양은 360−380mg이므로 피고는 환자에게 프로포폴을 과다 투여한 과실이 있다.

다. 응급처치 지연 과실 여부: 법원 인정

(1) 원고 측 주장

환자의 호흡억제 증상이 발생한 이후에 즉각적인 산소공급을 하여야 함에도 이를 위한 응급처리를 지연한 과실이 있다고 주장한다.

(2) 법원 판단

프로포폴 주입 중단 후 보통 10분 전후에 깨어나게 됨에도 환자는 수술종료 후 20분이 지나서도 깨어나지 못하고 산소포화도가 하락하게 된 사실, 피고는 가정의학과 전문의로서 레지던트 수습과정에서 기도삽관을 해본 경험만 있을 뿐 직접 환자를 수술하면서 기도삽관을 해본 경험이 없는 사실, 환자에게 산소를 공급하다가 기관내 삽관 2회 시도하였으나 모두 실패하고 앰부배깅으로 산소투여하였으나 산소포화도가 오르지 않아 환자는 29분 정도 저산소증 상태에 있었던 점 등을 비추어 볼 때, 피고의 기도확보 및 기관내 삽관시술 미숙으로 환자를 저산소 상태에 빠뜨렸고 이로 인해 환자가 사망에 이르렀다고 봄이 상당함으로 피고에게는 응급처치 지연에 대한 과실이 있다.

3. 손해배상범위 및 책임제한

가. 의료인 측의 손해배상책임 범위: 60% 제한

나. 제한 이유

(1) 투여된 프로포폴 양은 통상 수술 및 진단시 의식하 진정을 위한 정량보다 과다하였으나 전신마취를 위한 양보다는 적어 환자에게 투여한 양만으로 환자에게 무호흡 등의 부작용이 발생하는 것이 아니라는 점

(2) 수술 중에는 활력징후에 문제가 없다가 수술 종료 후 급격히 상태가 악화된 사실에 비추어 볼 때 환자의 체질적인 소인이 개입되었을 가능성도 완전히 배제할 수 없는 점

(3) 피고는 산소마스크 사용 이후 앰부배깅을 시도하고 곧바로 119에 신고하여 큰 병원으로 이송하는 등 나름의 최선의 조치를 하고자 노력한 점

(4) 마취제 사용 자체에 위험성이 내포되어 있는 점

(5) 당초 피고는 환자에 대한 수술을 거절하였으나 환자의 요청에 따라 수술을 하게 된 점

(6) 수술이 순수하게 성형을 목적으로 한 것이 아니라 치료적 성격이 더 강한 점

(7) 현재 임상에서의 프로포폴 사용실태와 피고가 사용한 프로포폴 양

다. 손해배상책임의 범위

(1) 청구금액: 370,097,220원(원고 A[4] 219,658,332원 + 원고 B[5] 150,438,888원)
(2) 인용금액: 142,631,527원
  ① 재산상 손해: 88,631,527원
    − 일실수입: 86,231,527원(= 143,719,212원 × 60%)
    − 장례비: 2,400,000원(= 4,000,000원 × 60%)
  ② 위자료: 54,000,000원
    − 환자: 36,000,000원
    − 원고 A: 12,000,000원
    − 원고 B: 6,000,000원

4. 사건 원인분석

환자는 타병원에서 양쪽 볼에 주입한 파라핀 등의 이물질을 제거하기 위해 피고의 병원에 내원하였고, 프로포폴 투약 후 파라핀 제거술을 시행하였다. 그러나 수술이 종료되고 20분이 지나도록 환자가 깨어나지 못하고 산소포화도가 76%까지 하락하여 산소마스크를 통해 산소를 공급하였으나 기관내 삽관은 실패하였다. 이후 119 구조대가 도착하여 기관내 삽관을 재시도 하였으나 실패하였고, 타병원으로 응급이송하였으나 결국 사망하였다.

이 사건에서는 프로포폴과 관련된 진정마취 사고 후 기도삽관을 실패하였고, 기타 부적절한 약물을 투여하는 등 응급처치의 지연 및 술기 상 미숙함 등의 문제점이 존재하였다.

---

4) 사망한 환자의 남편.
5) 사망한 환자의 자녀.

<표 4> 원인분석

분석의 수준	질문	조사결과
왜 일어났는가? (사건이 일어났을 때의 과정 또는 활동)	전체 과정에서 그 단계는 무엇인가?	−마취 단계 −응급처치 −수술 후 경과관찰 단계

가장 근접한 요인은
무엇이었는가?
(인적 요인, 시스템
요인)
	어떤 인적 요인이
	결과에 관련
	있는가?
		• 환자 측
		−(추정) 수술 거부하였다가 수락함(어떠한 이유인
		  지는 알 수 없음)
		• 의료인 측
		−프로포폴 과다투여(환자의 체중을 고려하면 프로
		  포폴 적정 투여량은 86.1mg−258.3mg인데 피고
		  가 투여한 양은 360−380mg임)
		−진정마취 사고 발생 뒤늦게 확인
		−기도삽관 실패
		−응급처치 지연(기도삽관 실패 및 기타 약물 투여
		  등 부적절)

	시스템은 어떻게 결과에 영향을 끼쳤는가?	

5. 재발방지 대책

<그림 4> 판례 4 원인별 재발방지 사항

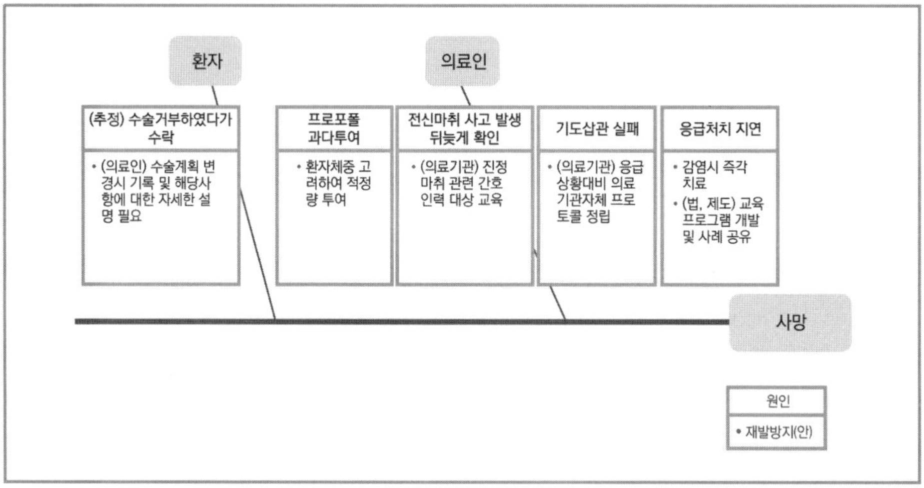

(1) 의료인의 행위에 대한 검토사항

본 사건과 같이 의사 측에서 수술을 거부하였다가 환자의 요청에 따라 수술을 진행하게 되는 경우 이에 대한 기록 및 해당 사항에 대한 자세한 설명이 필요하다. 또한 수술 부위 감염 발생 시 적극적으로 치료를 시행하고, 증상이 호전되지 않으면 즉각적으로 전원을 시행하여야 한다. 설명과 관련하여 환자를 이해시킬 수 있도록 하는 과정이 중요하다. 또한 환자의 체중 등을 고려하여 프로포폴이 적정하게 투여되어야 한다.

(2) 의료기관의 운영체계에 대한 검토사항

진정 마취와 관련하여 의료진을 대상으로 교육을 시행하여야 한다. 응급조치에 필요한 기구를 구비하고, 응급 상황 발생 시 적용할 수 있는 의료기관 자체의 프로토콜을 정립할 필요가 있다.

(3) 학회·직능단체 차원의 검토사항

프로포폴 투여와 관련된 사고 현황 파악 및 학회 차원의 관리가 필요하다. 프로포폴 투여 프로토콜 정립 및 진정 마취 사고 시 대처 방안에 대한 교육, 응급상황 발

생 시 처치에 대한 교육 프로그램 개발 및 사례공유, 교육프로그램 시행 등이 지속적
으로 이루어져야 한다.

판례 5. 하안검성형술 후 하안검외반증이 발생한 사건_부산지방법원 2015. 3. 17. 선고 2013가단237962 판결

1. 사건의 개요

하안검성형술을 받은 후 하안검외반증이 생겨 정신과 치료를 받게 된 사건이다 [부산지방법원 2015. 3. 17. 선고 2013가단 237962 판결]. 이 사건의 자세한 경과는 다음과 같다.

날짜	사건 개요
2010. 4월경	• 타병원에서 하안검 필러시술을 받은 적이 있는 원고는 눈 밑 지방을 제거하기 위해 A의원에서 상담받음
2011. 1. 6.	• 피고로부터 하안검성형술 받음
	• 수술 후 하안검외반증 발생
2011. 1. 28	• 각막염 및 안구건조증으로 D안과에서 8월까지 약물처방 및 진료 받음
2011. 9. 10.	• B성형외과의원에서 하안검 재성형술 및 지방이식술 받음
2012. 7. 11. − 2013. 8. 23	• C성형외과의원에서 4회에 걸쳐 양측 안검외반 교차이식, 자가진피 및 지방이식술, 연골이식 및 흉터교정술 받음
	• 이 외에도 이 수술의 부작용으로 인한 정신과적 문제로 신경정신과의원에서 약물치료와 상담치료 받음

2. 사건에 대한 판단요지(주장과 판단)

가. 이 사건 수술상의 과실 여부: 법원 인정

(1) 법원 판단

수술 후 호전이 거의 없었고 오히려 수술 후 하안검외반증이 관찰된 점, 환자는 기존 성형술을 받은 기왕력이 있으므로 더욱 높은 주의와 기술이 요구된다고 할 것인데 감정결과 수술이 상당히 미흡했다고 회보된 점, 하검외반증은 안검피부를 과도하게 절제할 경우 발생할 가능성이 큰 점, 수술 후 환자 상태가 부적절한 수술 내지 수술부위 구축에 의해 발생한 것으로 보이는 점 등을 종합하면 피고는 수술 시 주의의무를 위반하여 환자에게 하안검외반증 및 각막염, 안구건조증 등이 발생하였다고 봄이 상당하다.

나. 설명의무 위반 여부: 법원 인정

(1) 법원 판단

이 사건 수술의 경우 긴급을 요하지 않음으로 피고는 수술내용, 부작용 등에 대한 구체적인 설명을 제공함으로써 환자가 수술 여부를 선택할 수 있도록 할 의무가 있음에도 증거로 제출한 동의서나 설명문에 따르면 설명이 충분하다고 볼 수 없고 달리 피고가 설명의무를 충실히 이행하였다고 볼 증거가 부족함으로 설명의무 위반 과실이 있다고 봄이 상당하다.

3. 손해배상범위 및 책임제한

가. 의료인 측의 손해배상책임 범위: 60% 제한

나. 제한 이유

(1) 환자의 나이, 이 사건 수술 이전에 하안검 필러시술을 받은 기왕력이 있는 점

다. 손해배상책임의 범위

(1) 청구금액: 18,372,000원
(2) 인용금액: 10,023,200원
  ① 기왕치료비: 5,023,200원(＝8,372,000원×60%)
    - 이 사건 수술비: 700,000원
    - B성형외과의원: 1,372,200원
    - C성형외과의원: 6,300,000원
  ② 위자료: 5,000,000원

4. 사건 원인분석

타병원에서 하안검 필러시술을 받은 적이 있는 환자는 눈 밑 지방을 제거하기 위해 피고의 병원에서 상담을 받은 후 하안검성형술을 받았다. 그러나 수술 후 하안 검외반증이 발생했고, 각막염 및 안구건조증으로 약물치료를 받았다. 이 외에도 수술 의 부작용으로 인한 정신과적 문제로 신경정신과 의원에서 약물치료와 상담치료를 받았다.

환자의 경우 이전에 하안검 필러시술을 받은 기왕력이 있었다. 의료인은 이러한 수술력을 참고하여 수술하는 데에 발생할 수 있는 변수들에 대해 고민해 보았어야 한다. 또한 자문위원들은 하안검성형술은 지켜야 할 수칙만 잘 지킨다면 외반증은 거 의 발생하지 않고, 이 사건은 혈액순환 문제로 수술 시 주의의무를 위반한 것을 문제 점으로 지적하였다.

〈표 5〉 원인분석

분석의 수준	질문	조사결과
왜 일어났는가? (사건이 일어났을 때의 과정 또는 활동)	전체 과정에서 그 단계는 무엇인가?	- 수술 단계
가장 근접한 요인은 무엇이었는가? (인적 요인, 시스템 요인)	어떤 인적 요인이 결과에 관련 있는가?	•환자 측 - 시술 이력(하안검 필러시술) •의료인 측 - 설명 미흡 - 수술 시 주의의무 위반
	시스템은 어떻게 결과에 영향을 끼쳤는가?	

5. 재발방지 대책

〈그림 5〉 판례 5 원인별 재발방지 사항

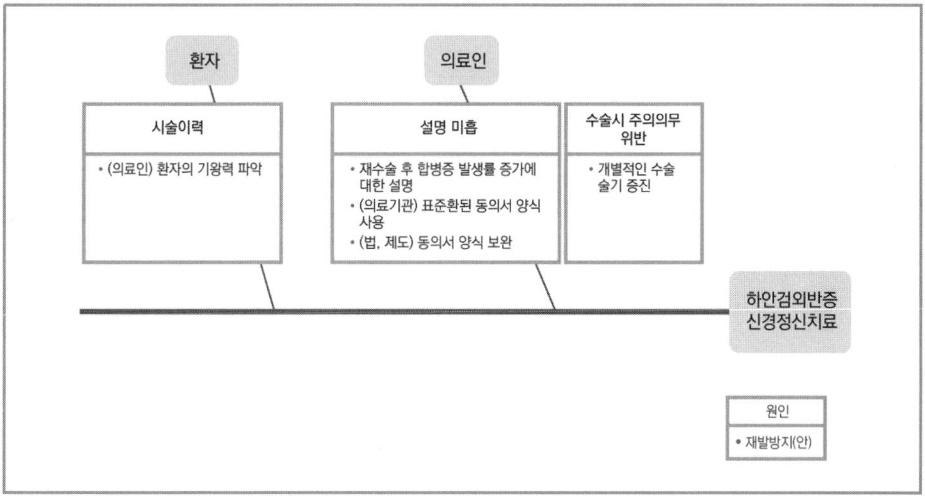

(1) 의료인의 행위에 대한 검토사항

환자가 수술 이전에 다른 치료를 받은 이력이 있다면, 그 부분에 대한 검토 및 반영이 필요하다. 의료인 개별적으로는 수술 술기를 증진시켜야 하고, 특히 이 사례의 내용과 같이 환자의 눈 상태를 고려한 하안검외반을 예방할 수 있는 적절한 수술방법을 선택하여야 한다. 재수술인 경우에는 합병증 발생률이 증가하는 만큼 이에 대한 설명을 환자에게 꼭 시행하여야 한다.

(2) 의료기관의 운영체계에 대한 검토사항

의료기관에서는 수술에 대한 자세한 설명 및 환자의 이해를 돕기 위해 표준화된 동의서 양식을 사용하여야 한다. 재수술의 경우에는 1차 수술보다 합병증 발생률이 증가하기 때문에 이러한 내용이 강조된 동의서 양식을 사용할 필요가 있다.

(3) 학회·직능단체 차원의 검토사항

현재 제시하고 있는 표준화된 설명 동의서 양식을 보완할 필요가 있다.

판례 6. 귀족수술 후 제거되지 않은 거즈로 인하여 수술부위에 감각이 상이 발생한 사건_서울남부지방법원 2011. 11. 24. 선고 2011나6040 판결

1. 사건의 개요

눈 밑 주름제거수술 및 귀족수술을 받고, 불편감을 호소하여 코 옆 양측 실리콘 보형물을 제거하였다. 이후에도 지속적인 이물감으로 타병원에서 검사한 결과 거즈 일부를 확인하여 제거하였다. 이후 우측 윗입술 부위 감각둔화 및 감각이상을 호소하게 된 사건이다[서울남부지방법원 2011. 4. 22. 선고 2010가단52625 판결, 서울남부지방법원 2011. 11. 24. 선고 2011나6040 판결]. 이 사건의 자세한 경과는 다음과 같다.

날짜	사건 개요
2010. 2. 2.	• 환자는 A의원에서 피고 B로부터 눈 밑 주름제거수술 및 귀족수술을 받음 (환자 여자. 사고 당시 42세 남짓)
2010. 2. 18.	• 수술 후 환자가 불편감을 호소하자 항생제 투여
2010. 3. 2.	• 코 옆 양측 실리콘 보형물 제거
2010. 3. 19.	• C성형외과에 내원하여 증상 호소함 • 구강 내 염증을 확인하고 상급병원으로 가도록 권유함
2010. 4. 14.	• 환자는 얼굴 안에 무엇인가 들어있는 느낌이 들어 D병원에 내원하여 CT 촬영하고 약 처방받음
2010. 4. 26.	• 우측 코 옆 부위 경결감과 부종으로 다시 D병원 내원 • 치과에서 구강내 누공을 통해 안면부로 함입된 노란색 거즈 일부와 주위 조직제거 수술 받음
2010. 4. 28.	• 전신마취 하에 나머지 거즈와 낭종 적출술 및 조직검사 받음
	• 환자는 이 사건 수술 이후 우측 윗입술 부위 감각둔화 및 감각이상 호소하고 있음

2. 사건에 대한 판단요지(주장과 판단)

가. 이 사건 수술에서 주의의무위반으로 인한 불법행위 또는 채무불이행에 대한 과실 여부: 법원 인정

(1) 법원 판단

환자의 콧속에서 나온 노란색 거즈는 이 사건 수술 또는 실리콘 제거 수술시 삽입되었던 것으로 추정되고, 위와 같은 수술을 시행한 피고는 수술 당시 거즈를 완전히 제거해야 하는 업무상 주의의무가 있음에도 불구하고 이를 간과한 것으로 명백한 의료상 과실이 있다.

3. 손해배상범위 및 책임제한

가. 손해배상책임의 범위

(1) 청구금액: 48,299,520원
(2) 인용금액: 20,524,720원
   ① 재산상 손해: 524,720원
      - 기왕치료비: 524,720원
   ② 위자료: 20,000,000원

4. 사건 원인분석

환자는 피고의 병원에서 눈 밑 주름제거수술 및 귀족수술을 받고, 불편감을 호소하여 코 옆 양측 실리콘 보형물을 제거하였다. 이후 불편감을 호소하여 항생제를 투여하였고, 그럼에도 호전되지 않아 코 옆 양측 실리콘 보형물을 제거하였다. 2주일이 지난 후에도 증상 지속되어 구강 내 염증 확인 후 상급병원으로 전원되었다. CT 촬영 결과 치과에서 구강 내 누공을 통해 안면부로 함입된 노란색 거즈 일부와 주위 조직제거수술을 받았다. 이 수술 이후 우측 윗입술 부위 감각둔화 및 감각이상을 호소하고 있는 상태이다.

환자가 수술 후 불편감을 지속적으로 호소하였음에도 병원 의료진은 원인을 찾지 못하였고 불편감 호소와 관련하여 적절한 처치를 시행하지 않았다. 더불어 수술 도중 거즈 카운트 등 기본적인 수술 원칙을 준수하지 않았으며, 수술 시 이물질이 남지 않도록 하는 등의 원칙을 준수하지 않았다.

〈표 6〉 원인분석

분석의 수준	질문	조사결과
왜 일어났는가? (사건이 일어났을 때의 과정 또는 활동)	전체 과정에서 그 단계는 무엇인가?	– 수술 단계 – 경과관찰 단계
가장 근접한 요인은 무엇이었는가? (인적 요인, 시스템 요인)	어떤 인적 요인이 결과에 관련 있는가?	• 의료인 측 – 수술 시 이물질 제거하지 않았음 – 불편감 호소와 관련하여 적절한 처치 미시행
	시스템은 어떻게 결과에 영향을 끼쳤는가?	• 의료기관 내 – 수술 시 사용한 거즈 카운트 철저

5. 재발방지 대책

〈그림 6〉 판례 6 원인별 재발방지 사항

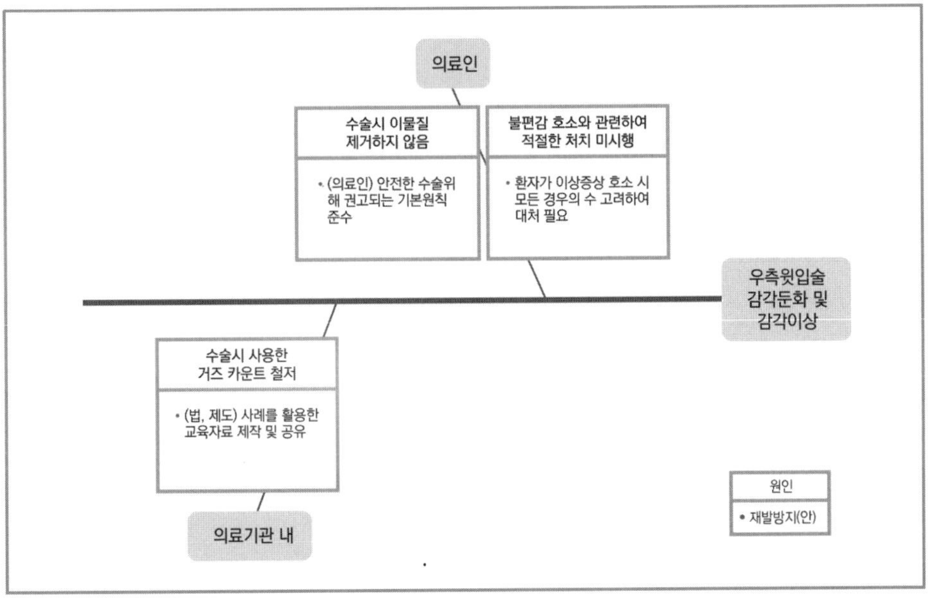

(1) 의료인의 행위에 대한 검토사항

수술을 시행할 시 안전한 수술을 위해 권고되는 기본원칙을 모두 준수하여야 한다. 또한 환자가 이상 증상을 호소할 시 모든 경우의 수를 고려하여 대처할 필요가 있다.

(2) 의료기관의 운영체계에 대한 검토사항

수술 시 사용한 거즈의 카운트를 철저하게 시행하여야 한다. 그리고 이러한 사례가 발생한 기관의 경우에는 재발 방지를 위해 철저한 교육이 이루어져야 한다.

(3) 학회·직능단체 차원의 검토사항

사례를 활용한 교육자료 제작 및 공유 등 의료인을 대상으로 교육을 시행할 수 있도록 지원하여야 한다.

판례 7. 안면 복합부위 성형수술 도중 이상 증상이 발생하였고 최종적으로 환자에게 뇌 이상 소견이 생긴 사건_서울고등법원 2013. 7. 25. 선고 2012나10784 판결

1. 사건의 개요

상안검수술, 앞트임매직수술, 하안검주름수술 및 애교살 수술, 코수술, 코옆 융비술을 시행하는 도중 서맥이 발생하여 심폐소생술 시작하고 타병원 전원하였다. 현재 양안 안정수동상태로 교정이 불가능하고 양측 후두엽 부위에 광범위한 뇌 이상소견이 생긴 사건이다[서울중앙지방법원 2011. 11. 22. 선고 2010가합98547 판결, 서울고등법원 2013. 7. 25. 선고 2012나10784 판결]. 이 사건의 자세한 경과는 다음과 같다.

날짜	시간	사건 개요
2009. 3. 19.		• 환자는 피고의원에 내원하여 상안검수술, 앞트임매직수술, 하안검주름수술 및 애교살 수술, 코수술, 코옆 융비술 등에 대한 상담 받음 (환자 여자. 사고 당시 35세 1개월 1일)
2009. 3. 28.		• 피고 A는 리도카인과 에피네프린을 사용하여 국소마취 후 눈 부위 수술함
	14 : 50	• 코 부위 성형수술을 위해 리도카인 및 통증감소를 위한 프로포폴 투여시작
	14 : 50	• 프로포폴 2cc 정도 투여 중 서맥발생 • 심폐소생술 시작, 119 연락
		• 탄산수소나트륨, 에피네프린 투여 • 기관삽관, 심폐소생술 시행
	15 : 02	• 119 도착 • 심장제세동기 2회 시행했으나 무반응
	15 : 05	• 이송 시작
	15 : 15	• B병원 도착
		• 환자는 현재 양안 안정수동상태로 교정이 불가능하고 양측 후두엽 부위에 광범위한 뇌 이상소견 보이고 있음

2. 사건에 대한 판단요지(주장과 판단)

가. 마취과정에서의 과실 여부: 법원 불인정

(1) 원고 측 주장

피고 A는 마취전문의 등 인력이나 시설을 갖추지 않은 상태에서 환자에 대해 마취 및 수술을 시행했고 환자의 신장 및 체중에 따라 투약량을 결정하고 투약 중 경과과정을 확인하였어야 함에도 임의로 5cc를 정하고 한 번에 투약하는 등 마취과정에서 과실이 있다고 주장한다.

(2) 법원 판단

피고 A가 택한 프로포폴은 통증완화를 위하여 흔히 취하는 마취방식이고, 진료기록감정촉탁결과에 의하면 이와 같은 마취의 경우 일반적으로 마취과 의료진이 관여하지 않는다고 한 사실, 포로포폴 투약량 5cc는 적절한 용량인 사실이 인정되므로 위 사정만으로는 과실이 있다고 보기 어렵다.

나. 경과관찰 및 응급조치에서의 과실 여부: 법원 인정

(1) 원고 주장

피고 A는 프로포폴 투약 후 6분 정도 지나서야 심정지를 발견하고 119에 신고하는 등 마취과정에서 발생한 심정지에 대한 응급조치를 지체한 과실이 있다고 주장한다.

(2) 법원 판단

프로포폴 주입 중 환자에게 심정지 증상이 나타났는바, 환자에게 뇌로 공급되는 산소의 감소를 시사하는 임상상태가 있었을 것으로 보이는데, 피고는 당시 맥박산소계측기로 환자의 상태를 확인했다고 주장하나 이를 인정할 증거가 없고 의무기록에도 서맥이라는 기재 외 별다른 기재가 없으며, 피고들이 다른 원인에 의하여 환자에게 갑작스러운 저산소성 뇌손상이 발생할 수 있음을 입증하지 못하는 한, 피고 A가 임상경과 관찰을 소홀히 한 것으로 보이며, 또한 심정지시 산소공급 응급처치에 소요된 시간이 매우 중요한데 진료기록지에는 이와 관련된 구체적인 기재가 없는 사실,

구급차가 도착한 이후 환자가 심장제세동기에도 아무런 반응을 하지 않았다고 기재되어 있어 이미 저산소성 뇌손상 상태에 있었던 사실이 인정됨에 따라 피고 A는 환자에게 프로포폴 부작용으로 중추신경계 심정지 등이 발생하였음에도 임상상태에 대응한 적절한 치료가 이루어지지 못하였다고 추정된다.

다. 전원조치에서의 과실 여부: 법원 불인정

(1) 원고 측 주장

피고는 환자의 심정지 발생 시 전원조치를 지체한 과실이 있다고 주장한다.

(2) 법원 판단

피고 의원 의료진이 환자에 대한 전원조치를 게을리 하였다고 인정하기 부족하고, 달리 이를 인정할 증거가 없으므로, 원고 측의 주장은 이유 없다.

3. 손해배상범위 및 책임제한

가. 의료인 측의 손해배상책임 범위: 30% 제한

나. 제한 이유

(1) 개인 운영 의원에서 마취부작용으로 인하여 발생한 이상증상에 대한 처치에 어려움이 있었을 것으로 보이는 점

(2) 피고의원 의료진이 적절한 응급조치를 취하였더라도 환자의 저산소증으로 인한 뇌손상을 완전히 막기 어려웠을 것으로 보이는 점

다. 손해배상책임의 범위

(1) 청구금액: 1,316,315,545원(원고 A(환자) 1,306,315,545원＋원고 B6)
   10,000,000원)

(2) 인용금액: 327,063,683원
   ① 재산상 손해: 287,063,683원(＝1,131,535,611원×30%－52,397,000원)

---

6) 원고 A(환자)의 아버지.

- 일실수입: 325,976,207원/283,794,945원
- 기왕치료비: 34,409,452원
- 기왕개호비: 22,254,587원
- 향후치료비, 의료보조구: 38,015,688원
- 향후개호비: 710,879,677원
- 공제: 52,397,000원(피고 A 31,200,000원＋피고 C(사용자)
    21,197,000원)
② 위자료: 45,000,000원
- 원고 A(환자): 40,000,000원
- 원고 B: 5,000,000원

4. 사건 원인분석

환자는 상안검수술, 앞트임매직수술, 하안검주름수술 및 애교살 수술, 코수술, 코옆 융비술 등에 대한 상담을 받은 후 리도카인 국소마취 후 눈 부위 수술을 시행하였다. 이후 코 성형수술을 위해 리도카인 및 통증감소를 위한 프로포폴을 투여하였는데, 2cc정도 투여 후 서맥이 발생하였다. 심폐소생술을 시행하며 타병원으로 전원하였으나 양안 안정수동상태로 교정이 불가능하고 양측 후두엽 부위에 광범위한 뇌 이상소견을 보이고 있다.

이 사건에서 환자는 안면 복합부위 성형수술 도중 서맥이 발생하였다. 자문위원들은 이 부분만으로 마취상의 문제라고 단정 짓기에는 어려움이 있다고 의견을 제시하였다. 다만, 서맥이 발생한 후 응급처치가 미흡하였으며, 그에 대한 기록조차 제대로 이루어지지 않은 점은 문제점으로 지적하였다. 또한 마취 상태에 대한 경과관찰이 제대로 이루어지지 않았다. 다만 판결문에 기재되어 있는 상황을 고려하였을 때 개인이 운영하는 소규모의 의원급 병원으로 추정되는데, 이러한 경우에는 마취 부작용 대처에 어려움이 존재하며 인력의 부족 문제도 있었을 것으로 보인다. 자문위원들은 진정마취의 경우 마취과전문의 없이 담당의가 기록까지 모두 병행하는 데에는 어려움이 존재한다고 의견을 제시하였다.

<표 7> 원인분석

분석의 수준	질문	조사결과
왜 일어났는가? (사건이 일어났을 때의 과정 또는 활동)	전체 과정에서 그 단계는 무엇인가?	- 수술 단계 - 마취단계
가장 근접한 요인은 무엇이었는가? (인적 요인, 시스템 요인)	어떤 인적 요인이 결과에 관련 있는가?	• 의료인 측 - 기록 미흡 - 마취 상태 경과관찰 소홀 - 응급처치 미흡

	시스템은 어떻게
	결과에 영향을
	끼쳤는가?
		• 의료기관 내
		- 개인 운영 의원이라 마취 부작용 대처에 어려움 존재
		- (추정) 인력부족 (마취과 의사 없이 시행하는 진정
		  마취의 경우 담당의가 기록까지 병행하는 것은 어려
		  움이 있음)

5. 재발 방지 대책

<그림 7> 판례 7 원인별 재발방지 사항

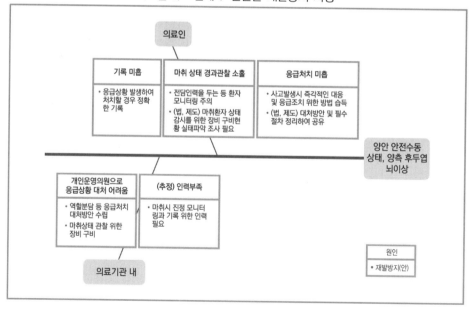

(1) 의료인의 행위에 대한 검토사항

마취제 투여 시 환자 관찰을 철저하게 시행하여야 한다. 간단한 수술을 시행하는 경우에는 환자 모니터링 기계에 주의를 기울이기 힘들 수도 있지만, 만약의 사태에 대비하여 전담인력을 두거나 여의치 않은 경우에는 직원들이 일정 간격으로 확인하도록 교육이 필요하다. 그리고 마취와 관련된 사고가 발생할 시 즉각적인 대응이 필요하고, 이를 위해 응급조치 방법을 습득하여야 한다. 응급상황이 발생하여 처치를 할 경우에는 시행한 처치에 대한 정확한 기록을 하여야 한다.

(2) 의료기관의 운영체계에 대한 검토사항

기관 내 응급상황 발생 시 역할 분담 등 응급처치와 관련된 대처 방안을 수립하는 것이 필요하다. 특히 해당 사례와 같이 개인이 운영하는 의원에서도 응급상황과 관련된 절차를 수립하여야 한다. 그리고 진정 마취 시 진정 모니터링과 기록을 위한 인력이 필요하며, 마취 환자의 상태를 관찰할 수 있는 장비를 구비하여야 한다.

(3) 학회·직능단체 차원의 검토사항

의원급 의료기관에서 활용할 수 있도록 응급상황 발생과 관련한 대처방안 및 필수 절차 등을 정리하여 해당 내용을 공유할 필요가 있다.

(4) 국가·지방자치단체 차원의 검토사항

국가에서는 주기적으로 마취 환자 상태 감시를 위한 장비 구비 현황 등 실태 파악을 위한 조사를 시행하여야 한다.

판례 8. 코 미세지방 이식술 이후 발생한 우안 시력 상실 사건_서울중앙지방법원 2012. 10. 17. 선고 2011가합60136 판결

1. 사건의 개요

코 미세지방 이식술을 받는 도중 우안이 침침하고, 안구 통증이 생겨 타병원 응급실로 전원되었다. 전원시 우안 안검하수, 시력저하에 대해 지방색전으로 인한 우측 중심망막동맥 폐쇄로 진단되어 응급으로 혈관조영술 및 혈전용해술 실시하였고 현재 안검하수 증상은 호전되었으나 우안 시력 상실하여 시각장애 6급을 받게 된 사건이다[서울중앙지방법원 2012. 10. 17. 선고 2011가합60136 판결]. 이 사건의 자세한 경과는 다음과 같다.

날짜	시간	사건 개요
2009. 5월경		• ○성형외과에서 콧대를 높이는 수술 받음
2009. 11월경		• 수술부위 염증발생 • ○성형외과에서 기존에 삽입한 실리콘 제거수술 받음
2010. 11. 27.		• 피고병원에 내원하여 코 재수술 상담받음
2010. 11. 29.		• 재수술 도중 환자의 코 안에 플라스틱 재질의 이물질이 남아있는 것을 발견하고 이물질 제거수술만 함
2010. 12. 16.	14 : 00	• 피고의 권유에 따라 코 미세지방이식술을 받기 위해 내원(환자 여자. 사고 당시 18세)
		• 피고는 환자의 허벅지에서 약 40~50ml 지방추출 후 미간에서 코끝까지 국소마취하고 지방을 1－2ml 정도 주입함
		• 수술 도중 환자는 우안이 침침하고 안구통증이 있다고 호소함 • 피고는 환자를 데리고 병원인근 △안과 방문했고 환자의 신경에 이상이 생긴 것 같다고 함
	17 : 05	• 환자를 ㅁ병원 응급실로 전원시킴
		• ㅁ병원에서는 환자의 우안 안검하수, 시력저하에 대해 지방색전으로 인한 우측 중심망막동맥 폐쇄로 진단하고 응급으로 혈관조영술 및 혈전용해술 실시 • 환자는 2011. 1. 3.까지 ㅁ병원에서 입원치료 받음

날짜	시간	사건 개요
2010. 12. 23.		• 피고는 원고들에게 이 사건 수술 후 발생한 부작용에 대한 치료비와 향후 합병증에 대해 책임지겠다는 취지의 각서를 작성하여 줌
		• 현재 안검하수 증상은 호전되었으나 우안 시력 상실하여 시각장애 6급에 해당함

2. 사건에 대한 판단요지(주장과 판단)

가. 이 사건 수술과 환자의 우안 실명장애의 상관관계 여부: 법원 인정

(1) 법원 판단

수술 직후 환자에게 발생한 증상을 볼 때, 피고가 환자에게 주입한 자가지방으로 인해 눈 동맥과 망막중심동맥이 폐쇄된 것으로 추정되는 점, 일반적으로 동맥은 압력이 높은데 동맥에 자가지방이 들어간 것으로 보아 피고가 환자에게 자가지방을 주입할 당시 과도한 압력이 가해진 것으로 보이는 점, 환자의 경우 이 사건 수술 외에는 망막중심동맥폐쇄를 일으킬 만한 다른 원인이 없었던 것으로 보이는 점, 환자는 코성형술 병력이 있으므로 이를 알고 있던 피고는 연조직 손상이 있었던 조직임을 유의하고 천천히 낮은 압력으로 지방을 주입하였어야 하는 점, ㅁ병원에서의 혈관확장제 투여는 적절한 처치였다고 보이는 점, 환자의 우안 실명이 ㅁ병원에서의 치료상의 문제 또는 환자의 체질적 소인에 의한 것일 가능성은 적어보이는 점 등을 종합하면, 피고는 수술 당시 위험성을 고려하여 천천히 낮은 압력으로 자가지방을 주입했어야 함에도 이를 게을리 한 과실이 있고 위 과실은 환자의 장애와 상당한 인과관계가 있다.

3. 손해배상범위 및 책임제한

가. 의료인 측의 손해배상책임 범위: 70% 제한

나. 제한 이유

(1) 안면부에 성형수술 병력이 있는 경우 수술 중 혈관 손상이 있거나 수술 후

회복과정에서 혈관의 해부학적 구조가 손상되었을 가능성이 있어 색전 발생의 위험
성이 그렇지 아니한 경우보다 증가하는 점

다. 손해배상책임의 범위

(1) 청구금액: 157,983,068원(원고 A(환자) 137,983,068원＋원고 B, C[7]

　　각 10,000,000원)

(2) 인용금액: 106,601,404원

　　① 재산상 손해: 72,601,404원(＝103,716,292원×70%)

　　　　－ 일실수입: 102,126,722원

　　　　－ 치료비: 1,589,570원

　　② 위자료: 34,000,000원

　　　　－ 환자(원고 A): 20,000,000원

　　　　－ 원고 B, C: 각 7,000,000원

4. 사건 원인분석

　　1년 전 타병원에서 콧대를 높이는 수술을 받은 적 있으나 염증발생으로 인해 기
존에 삽입한 실리콘을 제거한 기왕력이 있다. 이후 피고의 병원에 내원하여 코 재수
술 상담을 받고, 재수술 도중 원고의 코 안에 플라스틱 재질의 이물질이 남아있는 것
을 발견하고 이물질 제거수술만 시행하였다. 약 2주 후 피고의 권유에 따라 코 미세
지방이식술을 받기 위해 내원하여 허벅지에서 지방추출 후 미간에서 코끝까지 국소
마취 후 지방을 주입하였다. 수술 도중 우안이 침침하고 안구통증이 있다고 호소하였
다. 피고는 원고와 동행하여 원고의 우안 안검하수, 시력저하에 대하여 타병원 안과
진료를 받게 하였고, 지방색전으로 인한 우측 중심망막동맥 폐쇄로 진단 받았다. 응
급으로 혈관조영술 및 혈전용해술을 시행받은 후, 현재 안검하수 증상은 호전되었으
나 우안은 시력 상실하여 시각장애 6급에 해당한다.

　　자문의견에 따르면 수술로 인하여 우안의 시력을 상실하게 된 것은 의사의 술기

---

7) 원고 A(환자)의 부모.

상 문제로 볼 수 있다. 법원 역시 피고가 자가지방 주입 시 의사로서의 주의의무를 다하지 않은 과실을 인정하였다. 코 부위 미세지방이식을 시행하는 경우, 의사는 혈관이 눌리지 않도록, 또는 혈관이 막히지 않도록 주의해야 할 의무 있음에도 불구하고, 과도한 압력으로 지방을 주입하였다. 또한 이전에 코수술의 기왕력이 있는 환자의 경우 그로 인한 연조직 손상이 있었던 조직임을 유의하고더욱 천천히 낮은 압력으로 지방을 이식해야 했으나 그에 대한 고려가 없었다.

〈표 8〉 원인분석

분석의 수준	질문	조사결과
왜 일어났는가? (사건이 일어났을 때의 과정 또는 활동)	전체 과정에서 그 단계는 무엇인가?	− 수술 단계
가장 근접한 요인은 무엇이었는가? (인적 요인, 시스템 요인)	어떤 인적 요인이 결과에 관련 있는가?	• 환자 측 − 과거 코수술 이력 • 의료인 측 − 시술 시 과도한 압력 가함 − 수술 술기 부족
	시스템은 어떻게 결과에 영향을 끼쳤는가?	

5. 재발방지 대책

〈그림 8〉 판례 8 원인별 재발방지 사항

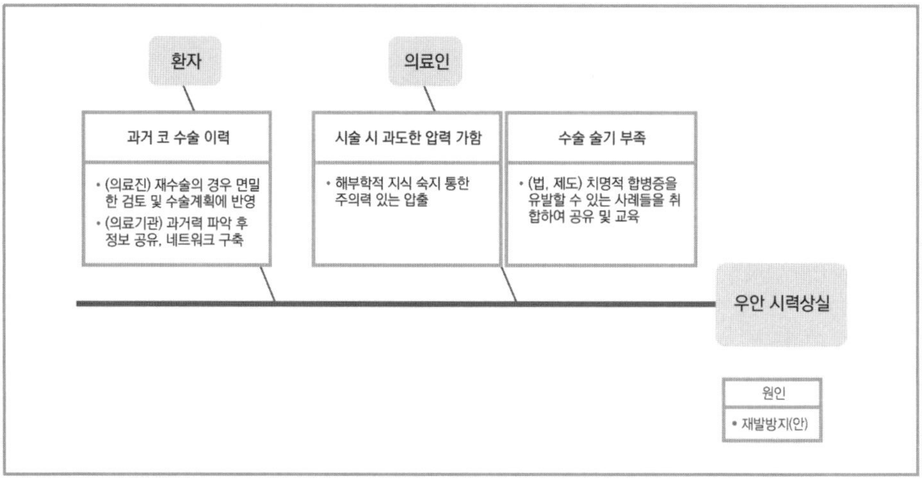

(1) 의료인의 행위에 대한 검토사항

해당 사례와 같이 과거에 수술을 한 이력이 있는 환자는 수술 이력에 대한 검토 및 수술계획에 있어 반영이 이루어져야 한다. 자가지방 주입 시 혈관손상으로 인한 합병증이 발생할 수 있음을 명심하고, 과도한 압력이 가해지지 않도록 주입 시 주의 하여야 한다. 또한 코수술 과거력이 있는 경우, 연조직 손상이 있었던 조직이므로 지 방이식을 하는 경우 혈관 손상의 가능성을 더욱 염두에 두고, 보다 낮은 압력으로 천천히 지방을 주입해야 한다. 이를 위해서는 혈관 주행 등을 포함한 해부학적 지식 을 숙지하여야 하고, 혈관 주위 주입 시 특히 조심해야 한다. 혈관의 직접적 손상을 막기 위해서 뭉툭한 캐뉼라를 사용, 빼면서 주입하는 등 혈관 손상을 최소화 하여야 한다.

(2) 의료기관의 운영체계에 대한 검토사항

환자의 과거력을 정확하게 파악하고, 의료진 간 정보를 공유하여야 한다. 응급 상황 발생 시 즉각 전원이 가능하도록 네트워크가 구축되어야 한다.

(3) 학회·직능단체 차원의 검토사항

본 사례와 같이 지방이식술 시행 후 우안 시력을 상실하게 된 사례를 활용하여 교육자료 개발 및 공유가 필요하다. 발생률은 매우 낮지만, 발생하는 경우 치명적 합병증을 유발할 수 있는 사례들을 취합하여 학회 차원에서 공유가 이루어져야 한다.

판례 9. 목주름 제거시술, 지방이식 시술, 안면재생술 후 감염으로 인 해 얼굴에 추상이 생긴 사건_서울동부지방법원 2015. 5. 1. 선고 2013가단113511 판결

1. 사건의 개요

목주름 제거시술, 지방이식 수술, 안면재생술 등 수술을 받은 후 감염이 발생하여 얼굴 전체가 붓고 통증이 발생하였다. 피고병원에 방문하여 감염 치료를 받았으나 결국 얼굴에 추상을 입게 되었다[서울동부지방법원 2015. 5. 1. 선고 2013가단113511 판결]. 이 사건의 자세한 경과는 다음과 같다.

날짜	사건 개요
2011. 5월경	• 피고가 운영하던 A성형외과에 환자가 방문함
2011. 5. 7.	• 환자는 피고로부터 목주름 제거시술, 지방이식 시술, 안면재생술 등의 수술을 받음
2011. 5. 9.	• 감염으로 인해 입술을 중심으로 얼굴전체가 붓고 통증발생 • 피고병원 방문하여 드레싱 등의 치료받음
2011. 5. 19.	• 피고병원 방문하여 코에 발생한 감염치료 받음
2011. 6. 25.	• 감염으로 인한 통증 지속되자 다시 피고병원 재방문하여 피고로부터 주입된 지방 빼내는 시술 받음
	• 환자는 감염으로 인해 얼굴에 추상을 입게 됨

2. 사건에 대한 판단요지(주장과 판단)

가. 이 사건 시술상의 과실 여부: 법원 인정

(1) 원고 측 주장

안면재생술(스카나이프시술, 서브시전)은 침습적 의료행위로, 피고는 감염이나 혈종이 발생하지 않도록 주의를 기울였어야 함에도 이를 게을리 함으로써 환자에게 상해를 가한 과실이 있다고 주장한다.

(2) 법원 판단

이 사건 시술 당시 '술기 상 과실'로 환자에게 감염 또는 혈종을 유발했다는 점을 인정할 증거는 없으나, 환자가 시술 직후부터 곧바로 감염 증상이 나타났다는 점, 시술 외 다른 경로로 감염되었다는 특별한 사정이 없는 점 등에 비추어 보면 환자는 시술 당시 감염된 것으로 봄이 상당하며, 따라서 피고는 침습적 시술행위 중에는 감염방지를 위한 최선의 노력을 다했어야 함에도 이를 게을리한 과실이 있다.

나. 감염 발생 후 적절한 조치 미실시 및 전문적인 치료를 받도록 권하지 않은 과실 여부: 법원 인정

(1) 법원 판단

환자가 시술 이후 감염과 염증이 반복되었음에도, 피고는 이에 대해 적극적인 배양검사를 하거나 적절한 항생제를 투여하는 등의 적절한 조치를 취하지 않았고, 감염치료에도 계속 차도가 없었다면 보다 전문적인 치료를 받도록 권할 의무가 있었음에도 오히려 주입된 지방을 제거하는 2차 수술을 하는 등 제대로 된 치료를 받지 못하게 한 과실이 인정된다.

다. 설명의무 위반 여부: 법원 인정

(1) 법원 판단

피고는 시술 당시 환자에게 시술의 위험성과 주의사항 등에 대해 정확히 설명한 바가 없고, 이러한 설명의무 이행을 달리 인정할 증거가 없다.

3. 손해배상범위 및 책임제한

가. 의료인 측의 손해배상책임 범위: 80% 제한

나. 제한 이유

(1) 환자는 즉각 보다 전문적인 치료기관을 방문하여 적절한 치료를 받았어야 함에도 그렇지 아니한 잘못으로 인해 손해의 확대에 기여했다는 점

다. 손해배상책임의 범위

(1) 청구금액: 45,712,873원(원고 A(환자) 35,712,873원＋원고 B, C[8]
     각 5,000,000원)

(2) 인용금액: 28,158,618원

① 재산상 손해: 12,158,618원(＝15,198,273원×80%)

 − 일실수입: 10,392,873원

 − 향후치료비: 2,805,400원

 − 기왕치료비: 2,000,000원

② 위자료: 16,000,000원

 − 원고 A(환자): 10,000,000원

 − 원고 B, C: 각 3,000,000원

4. 사건 원인분석

환자는 목주름 제거시술, 지방이식 시술, 안면재생술 등의 수술을 받았다. 수술 직후 얼굴 부위 감염이 발생하여, 피고 병원에서 이에 대한 치료를 시행하였으나 증상의 호전이 없어, 피고는 주입된 지방을 제거하는 2차 수술을 시행하였다. 결과적으로 원고는 감염으로 인한 얼굴 추상을 입게 되었다.

1) 시술 직후 감염 증상이 나타난 만큼 침습적 시술 도중 감염이 발생했을 가능성이 높은 만큼, 침습적 시술 행위 중 감염방지를 위한 최선의 노력을 다하지 않은 점, 또한 2) 감염의 증상이 나타나는 경우 균검사, 항생제 투여 등과 같은 적절한 조치를 취하거나 상급병원으로 전원하여 적절한 치료를 받을 수 있게 하여야 함에도 불구하고 자의적 치료를 시행하여 환자의 증상을 더욱 악화시킨 점, 마지막으로 3) 침습적 시술을 시행하는 경우 항상 수술부위감염의 위험성이 내포되어 있고, 그로 인한 합병증이 발생할 수 있음에도 이에 대한 설명 없이 수술을 진행한 점이 이 사건의 원인으로 분석되었다.

---

8) 원고 A(환자)의 자녀들.

〈표 9〉 원인분석

분석의 수준	질문	조사결과
왜 일어났는가? (사건이 일어났을 때의 과정 또는 활동)	전체 과정에서 그 단계는 무엇인가?	－ 수술 설명 단계 － 수술 단계 － 수술 후 경과관찰 단계
가장 근접한 요인은 무엇이었는가? (인적 요인, 시스템 요인)	어떤 인적 요인이 결과에 관련 있는가?	• 환자 측 － 적절한 의료기관 선택(감염이 계속 호전되지 않으 면 보다 전문적인 의료기관을 방문하여 치료를 받 았어야 함) • 의료인 측 － 감염 증상에 대한 적절한 검사 및 치료 미시행 － 전원 미권유(보다 전문적인 치료를 받도록 권할 의무) － 설명 미흡 － 시술 행위 중 감염 방지 위한 노력 게을리 함
	시스템은 어떻게 결과에 영향을 끼쳤는가?	• 의료기관 내 － (추정) 수술 기구 등에 대한 관리 체계 미흡

5. 재발방지 대책

〈그림 9〉 판례 9 원인별 재발방지 사항

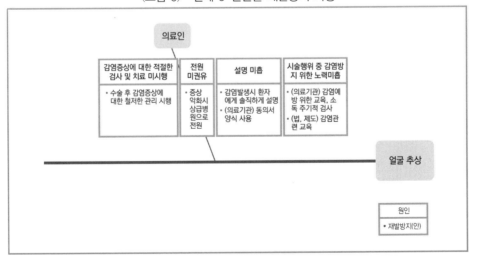

(1) 의료인의 행위에 대한 검토사항

수술 전에 환자에게 시술의 내용 및 후유증뿐만 아니라 수술 부위 감염이 발생할 수 있으며 그로 인한 합병증이 남을 수 있음을 자세히 설명하여야 한다. 수술 행위 중에는 감염 방지를 위한 노력을 기울여야 하고, 그럼에도 불구하고 수술부위감염이 발생할 수 있으므로, 환자가 증상을 호소하는 경우 가볍게 넘겨서는 안 되며, 감염이 발생한 경우 균배양, 항생제 처방 등의 적절한 치료를 시행하여야 한다. 그럼에도 불구 증상 호전이 없는 경우 보다 전문적인 치료를 받을 수 있도록 상급병원으로 전원하여야 한다. 또한 수술부위감염으로 치료기간이 길어지고, 그로 인한 합병증이 발생할 수 있으므로 이에 대하여 환자에게 솔직하게 설명하여야 한다.

철저한 기구 소독 및 수술 부위 감염을 줄이기 위한 교육 등을 시행하여야 한다. 또한 수술 기구 등에 대한 소독 방법이나 절차 등에 대해 주기적으로 점검해야 하며, 수술 전 감염 예방을 위해 기구를 적절하게 관리하여야 한다. 또한 시술에 대한 자세한 설명 및 환자의 이해를 돕기 위한 동의서 양식을 사용하여야 한다.

(2) 의료기관의 운영체계에 대한 검토사항

수술 부위 감염을 줄이기 위하여 의료진을 대상으로 교육(무균적 처치, 철저한 기구 소독 등)하여야 하고, 수술 기구 등에 대한 소독 방법이나 절차 등에 대하여 주기적으로 점검하여 잘 지켜지고 있는지 확인하여야 한다. 또한 의료기관에서 사용하는 동의서 양식에 시술에 대한 자세한 설명뿐만 아니라 그로 인한 합병증 특히 수술부위 감염을 포함시켜 설명의료진이 바뀌는 경우에도 이에 대한 정보가 일률적으로 환자에게 전달될 수 있도록 한다.

(3) 학회·직능단체 차원의 검토사항

수술부위 감염을 줄이기 위한 학회 차원의 교육이 이루어져야 한다.

판례 10. 코 수술, 광대 축소술, 안면거상술 등을 받은 후 탈모, 코 보형물 움직임 등의 부작용이 발생한 사건_서울중앙지방법원 2013. 10. 31. 선고 2011가단3370374 판결

1. 사건의 개요

코 재수술, 광대축소술, 안면거상술, 하악부 지방흡입술, 아랫입술 축소술 시행 후 탈모 및 귀의 흉터, 코 보형물 움직임, 아랫입술 울퉁불퉁한 증상이 생긴 사건이다[서울중앙지방법원 2013. 10. 31. 선고 2011가단3370374 판결]. 이 사건의 자세한 경과는 다음과 같다.

날짜	사건 개요
2010. 5. 13.	• 환자는 피고의원 내원하여 상담실장인 피고 D에게 코 재수술, 아랫입술 축소술, 광대 축소술, 안면거상술 등에 관한 상담을 받음 • 피고 B에게 진료받고 시술 계획함
2010. 6. 2.	• 피고 B는 코재수술, 광대축소술 시행 • 피고 C는 안면거상술(관자놀이 리프트), 하악부 지방흡입술, 아랫입술 축소술 시행
2010. 6. 5.	• 피고 B, 환자의 수술경과 관찰
2010. 6. 9.	• 피고 B, 환자의 수술경과 관찰
2010. 6. 16.	• 환자가 코모양이 본인이 원하는 모양이 아니고 붓기가 잘 빠지지 않는다고 호소 • 피고 B는 경과를 더 지켜보자고 함
2010. 6. 23.	• 환자가 코 모양에 대해 불만 호소 • 피고 B는 6개월 후 재수술할 수 있다고 설명하고 경과 지켜보기로 함
2010. 7. 3.	• 환자가 머리 절개부위 탈모와 입술 수술결과에 대한 불만 호소 • 피고 B는 6개월 후 탈모 시술을 고려할 수 있고 입술을 더 축소했으면 아랫입술과 대칭이 맞지 않을 수 있었다고 설명함
2010. 9. 8.	• 환자는 심한 탈모, 양 광대 비대칭, 코 보형물 흔들림 호소함
	• 현재 환자는 탈모 및 귀의 흉터, 귀 이주 소실 및 변형, 코 보형물 움직임, 아랫입술 울퉁불퉁한 증상이 남아있음

2. 사건에 대한 판단요지(주장과 판단)

가. 진료계약상 안면거상술이 포함되지 않았음에도 이를 시행한 과실 여부: 법원 일부인정

(1) 원고 측 주장

피고 B는 진료계약상 안면거상술이 포함되지 않았음에도 임의로 피고 C로 하여금 안면거상술의 일종인 관자놀이 리프트를 시행하게 한 잘못이 있고, 상담실장인 피고 D는 안면거상술을 포함하지 않는 것으로 상담하였음에도 그러한 내용을 피고 B에게 정확히 전달하지 아니한 과실이 있다고 주장한다.

(2) 법원 판단

환자는 상담실장인 피고 D로부터 안면거상술을 권유받았다가 피고 B로부터 진료를 받으면서 안면거상술은 나중에 받는 것으로 변경하였음에도 피고 B가 상담기록지에 이 사실을 명확하게 기재하지 아니하고 피고 C에게 구두로도 이 내용을 설명하지 아니하여 피고 C는 상담기록지에 기재된 안면거상술을 시행하게 된 것으로 봄이 상당하므로 피고 B에게는 진료계약상 포함되지 아니한 안면거상술을 시행하게 한 잘못이 있다. 단, 피고 D의 경우에는 상담 당시 환자가 피고 D에게 안면거상술을 시행받지 않겠다고 말했음을 인정하기에 부족하고 달리 이를 인정할 증거가 없으며, 설령 말하였더라도 피고 D는 상담실장에 불과할 뿐 아니라 환자는 이후 피고 B로부터 진료를 받으면서 구체적인 시술 계획을 수립한 이상, 환자의 피고 D에 대한 이 부분 주장은 이유 없다.

나. 피고들이 공모하여 피고 B가 이 사건 시술 전부를 시행할 것처럼 기망한 잘못이 있는 여부: 법원 불인정

(1) 원고 측 주장

피고 B와 D는 이 사건 시술 전부를 직접 시행할 것처럼 기망하여 이에 속은 환자로 하여금 고가의 이 사건 시술을 받게 하였고, 피고 C는 이러한 사실을 잘 알면서도 환자 동의없이 이 사건 시술 일부를 시행한 과실이 있다고 주장한다.

(2) 법원 판단

피고들이 환자에게 피고 B가 이 사건 시술을 전부 시행할 것이라고 말하였음을 인정할 증거가 전혀 없고, 상담기록지에 안면거상술, 아랫입술 축소술에 대해서는 괄호 안에 '전문'이라는 기재가 있는 사실에 비추어 보면, 이 부분은 이를 전문적으로 시행하는 다른 의사가 집도할 것임을 설명한 것으로 봄이 상당하므로, 원고 측의 주장은 이유 없다.

다. 피고 B와 C가 환자에게 불필요한 관자놀이 리프트를 시행한 잘못이 있는지 여부: 법원 인정

(1) 원고 측 주장

피고 B와 C는 이 사건 시술 당시 환자의 안면 주름 정도에 비추어 수술의 필요성이 없는 관자놀이 리프트를 시행한 잘못이 있다고 주장한다.

(2) 법원 판단

제출된 증거만으로는 관자놀이 리프트가 환자에게 불필요했는지를 단정하기 어렵고 달리 이를 인정할 증거가 없으나, 안면거상술은 나중에 실시하기로 한 점, 그러나 피고 B는 이를 명확히 상담기록지에 기재하지 않았고 피고 C에게 구두로도 설명하지 않은 점, 피고 C는 시술 전 피고 B와 환자에게 시술 내용을 확인하여야 할 주의의무가 있음에도 불구하고 이를 게을리 한 점 등을 볼 때 환자에게 관자놀이 리프트를 시행한 잘못이 있다고 봄이 상당하다.

라. 피고 B와 C의 시술상의 과실 여부: 법원 인정

(1) 원고 측 주장

피고 C는 관자놀이 리프트 시술시 과도한 두피 절개로 인하여 수술 절개선에 넓은 흉터와 탈모 증상을 야기하고 과도한 연골채취로 인하여 심한 귀의 변형을 초래한 과실이 있고, 피고 B는 피고 C의 사용자로서 관리감독을 제대로 하지 않은 잘못이 있다고 주장한다.

(2) 법원 판단

환자에게 나타난 탈모증상 및 흉터가 통상의 후유증 범위를 벗어나는 점, 이러한 후유증으로 인해 양쪽 관자놀이 부분의 모발선 뒤로 두피가 드러나 보이는 점, 피고들이 이 사건 시술시 환자의 양쪽 귀의 이주부분을 과도하게 채취하여 이주 부분이 소실되고 변형된 점 등을 더하여 보면, 피고 B와 C에게 시술상의 과실이 있다고 봄이 상당하다.

마. 피고 B와 C의 설명의무 위반 여부: 법원 인정

(1) 원고 측 주장

피고 B와 C는 이 사건 시술 전 흉터 등에 관한 합병증을 구체적으로 설명하지 아니하여 환자의 자기결정권을 침해한 과실이 있다고 주장한다.

(2) 법원 판단

수술 동의서에는 담당의 문구 옆에 담당의 명칭을 기재하는 공란이 있고 그 안에 피고들의 서명이 있는데 환자는 서명할 당시 피고 C의 서명은 보지 못했다고 주장하는 점, 위 피고들은 이 사건 시술 직전 환자에 대하여 어떤 술을 시행하게 되는지 구체적으로 설명하지 아니하여 환자의 의사에 반해 진료계약에 제외되어 있던 안면거상술을 시행한 점, 환자는 이 사건 시술 전 안면거상술에 대해 제대로 설명을 듣지 못한 점 등을 더하여 보면 피고 B와 C는 설명의무를 위반하고 환자의 자기결정권을 침해한 과실이 있다.

3. 손해배상범위 및 책임제한

가. 의료인 측의 손해배상책임 범위: 70% 제한

나. 제한 이유

(1) 환자가 이 사건 시술을 받게 된 경위 및 이 사건 시술의 결과, 이 사건 시술 중 관자놀이 리프트를 제외한 나머지 시술은 진료계약상에 따른 시술로서 시술결과도 대체로 좋았던 것으로 보이는 점

(2) 환자에게 남아있는 증상은 이 사건 시술 중 관자놀이 리프트 시행으로 인한 것인 점

다. 손해배상책임의 범위

(1) 청구금액: 42,500,000원
(2) 인용금액: 29,711,342원
　　① 재산상 손해: 22,711,342원(=32,444,775원×70%)
　　　－ 관자놀이 리프트 시술비용: 0원
　　　－ 향후치료비: 32,444,775원(흉터성형술 8,271,015원＋모발이식술
　　　　24,173,760원)
　　② 위자료: 7,000,000원

4. 사건 원인분석

　　환자는 피고의원에 내원하여 상담실장에게 수술에 대한 상담을 받고 피고 B에게 진료를 받았다. 피고 B는 환자에게 코 재수술, 광대축소술을 시행하였고 피고 C는 안면거상술, 하악부 지방흡입술, 아랫입술 축소술을 시행하였다. 이후 환자는 코 모양이 원하는 모양이 아니고 붓기가 잘 빠지지 않는다고 호소하였고 피고 B는 경과를 지켜보자고 하였다. 또한 환자는 탈모와 입술 수술결과에 대한 불만을 호소하였고 피고 B는 이에 대한 설명을 시행하였다. 현재 환자는 탈모 및 귀의 흉터, 코 보형물 움직임 등의 증상이 남아있다.

　　이 사건에서 환자는 상담실장과는 안면거상술을 하지 않는 것으로 상담을 했음에도 피고 B에게 해당 내용이 정확히 전달되지 않았고, 그로 인해 피고 B가 피고 C로 하여금 안면거상술을 시행하게 한 잘못이 있다고 주장하였다. 자문의원들은 이와 같은 사항에 대하여 기록이 부실하게 작성되었을 뿐만 아니라 의료진 간의 의사소통 역시 미흡하였음을 문제점으로 지적하였다. 따라서 의료진이 다수 존재하는 경우, 의료진 간의 원활한 의사소통을 위한 체계를 확립해야 한다고 하였다. 하지만 집도의가 직접 수술 설명을 시행하는 것이 가장 바람직하다고 강조하였다.

〈표 10〉 원인분석

분석의 수준	질문	조사결과
왜 일어났는가? (사건이 일어났을 때의 과정 또는 활동)	전체 과정에서 그 단계는 무엇인가?	－ 수술 설명 단계 － 수술 전 의료진 간 의사소통 단계 － 수술 단계
가장 근접한 요인은 무엇이었는가? (인적 요인, 시스템 요인)	어떤 인적 요인이 결과에 관련 있는가?	• 의료인 측 － 설명 미흡 － 의사소통 미흡 － 기록 부실 － 수술 술기 부족
	시스템은 어떻게 결과에 영향을 끼쳤는가?	• 의료기관 내 － 의료진 간 의사소통 체계 미확립 － 기록 작성에 대한 절차 미흡

5. 재발방지 대책

〈그림 10〉 판례 10 원인별 재발방지 사항

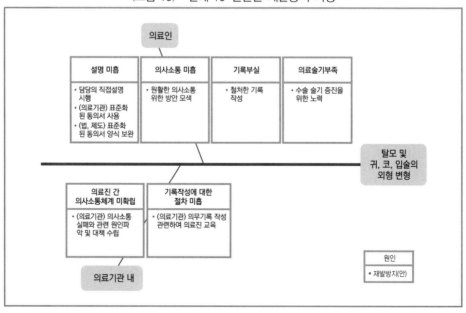

(1) 의료인의 행위에 대한 검토사항

수술 내용 및 발생 가능한 합병증 등 수술관련 설명은 수술을 시행하는 집도의가 직접하여야 한다. 또한 해당 사례와 같이 다 부위 수술시 누락되는 부분이 없도록 의무기록 작성시 주의해야 한다. 의무기록은 작성자뿐만 아니라 해당 의료기간의 의료진들이 공유하는 것임 명심하고 철저하게 작성하여야 한다. 또한 수술 계획, 수술 후 관리 등 치료 계획에 대한 의료진 간 의사소통이 원활하게 이루어져야 한다.

(2) 의료기관의 운영체계에 대한 검토사항

수술에 대한 설명 및 환자의 이해를 돕기 위한 표준화된 동의서 양식을 기관 차원에서 사용하여야 하며, 수술을 시행하는 의사가 직접 설명을 시행하도록 기관 내 체계를 수립하여야 한다. 그리고 의무기록 작성에 대한 의사 및 간호사 교육이 필요하다. 의사소통과 관련하여 브리핑, 디브리핑 등의 의사소통 기술을 사용하고, 의사소통 실패와 관련하여 기관 내 원인 파악 및 대책을 수립하여야 한다.

(3) 학회 · 직능단체 차원의 검토사항

현재 제시하고 있는 표준화된 설명 동의서 양식의 보완이 필요하며, 의무기록 작성과 관련하여 의료인들이 교육을 받을 수 있도록 지원하여야 한다. 또한 집도의가 직접 수술 설명을 할 수 있도록 학회 차원의 노력이 이루어져야 한다.

제3장

종아리, 유방 성형 관련 판례

제3장 종아리, 유방 성형 관련 판례

판례 11. 종아리 축소술 시행 중 국소마취로 인한 신경계 독성으로 식물인간 상태가 된 사건_대법원 2010. 8. 26. 선고 2010다 46022 판결

1. 사건의 개요

종아리 축소술을 받기 위해 내원하였다가 수면마취 도중 경련을 일으키며 산소포화도가 저하되었다. 이에 마취전문의를 호출하고 타병원으로 전원하였으나 결국 지속적 식물인간 상태가 된 사건이다[서울중앙지방법원 2009. 1. 20. 선고 2008가합49252 판결, 서울고등법원 2010. 5. 13. 선고 2009나17587 판결, 대법원 2010. 8. 26. 선고 2010다 46022 판결]. 이 사건의 자세한 경과는 다음과 같다.

날짜	시간	사건 개요
2007. 9. 20.	17 : 30	• 환자는 부친으로부터 피고의 매형을 통해 피고를 소개받고, 종아리 축소술을 받기 위해 이모와 동행하여 피고 병원 내원(환자 여자. 사고 당시 20세)
		• 피고는 사전 문진과정에서 고주파 에너지를 이용한 종아리 퇴축술 시술법 및 그 효과, 수면마취와 국소마취에 대해 설명하고 환자에게 과거 수술력을 확인하였는데, 환자는 수술력 없다고 대답함
	18 : 00	• 수술실 입실

날짜	시간	사건 개요
2007. 9. 20.		• 환자를 엎드린 자세로 눕힌 후, 산소포화도 측정기 부착 및 관찰하면서 케타민 0.2ml 투약 후 활력징후가 이상 없음을 확인하고 나머지 0.3ml 투약하여 수면마취시킴
		• 2%리도카인 1앰플(20ml, 400mg)을 생리식염수 300ml와 혼합하여 양쪽 종아리 축소예정부위에 각 4군데씩 0.2ml 피하주사함 • 그 후 18게이지 바늘을 이용하여 피하주사 부위 뚫은 후 마취용 케뉼라를 삽입하여 희석된 리도카인을 한 곳당 약 40ml씩 총 8곳에 투여함
		• 환자는 주기적으로 경련하기 시작하고 산소포화도 80%대로 떨어짐 • 환자 등을 바닥에 대어 눕힌 후 기도유지하고 산소마스크를 통해 산소공급 시작함
		• 산소포화도 변화 없이 경직시 60%대까지 떨어짐 • 양압환기 시도했으나 호전되지 않아 7.0Fr 인공기도삽관 후 엠부배깅하며 가끔 침 배출시킴 • 산소포화도 80−90%(경직시 50−60%), 심박동수 130−140회 유지하며 분당 3~4회 가량 주기적으로 경련지속
	19:03	• 피고는 마취과전문의에게 내원 요청했으나 거리가 멀어 방문이 불가능하다면서 다른 마취과전문의에게 연락하여 피고병원에 내원하게 함
	19:15	• 마취과전문의 내원함 • 엠부배깅시 폐수포음이 들리고 호흡음 좋지 않아 7.5Fr 인공기도로 교환함
	19:20	• 심정지 발생 • 심장마사지와 심폐마사지를 하면서 아트로핀 2앰플, 에피네프린 3앰플을 투여 • 약 2−3분 후 맥박이 분당 120~130회로 회복되자 덱사메타손 2앰플, 솔루코테프 100mg, 비본 60mg을 추가투여함 • 환자 산소포화도 97~98% 유지하였으나 의식은 없음
	19:28	• 환자를 전원시키기 위해 119 구급대에 연락하였으나 교통정체로 지연됨
	19:50	• 마취과전문의의 부탁으로 피고병원에 도착한 △△병원 구급차를 이용하여 환자를 ○○○대학교병원으로 전원함

날짜	시간	사건 개요
2007. 9. 20.	20 : 17	• ○○○대학교병원 응급실 도착 • 당시 의식은 반혼수상태, 산소포화도는 82%, 체온은 39.3°C
	20 : 20	• 동맥혈가스검사 상 산소분압 48.7mmHg
	20 : 25	• 동맥혈가스검사 상 산소분압 75.6mmHg, 산소포화도 95.6%
	20 : 30	• 심전도 검사 상 저산소성 뇌손상에 의한 2차적 심근손상 소견 인공호흡기 부착
	20 : 45	• X선 검사결과 폐부종 소견
	23 : 30	• 중환자실로 전동
2007. 11. 20.		• 저산소성 뇌손상으로 인한 지속적 식물인간 상태로 일반병실 전동

2. 사건에 대한 판단요지(주장과 판단)

가. 환자의 현 장애 원인: 법원 인정

(1) 원고 측 주장

전신마취제의 일종인 케타민을 주사하기 전에 전신마취에 준하는 검사가 필요함에도 이를 실시하지 않았고, 그 외에도 국소마취제인 리도카인 투여과정 및 중추신경계 독성으로 인한 증상에 대한 사후 조치에서의 과실, 환자의 보호자에게 이 사건 시술에 대한 상세한 설명을 하지 않았는바, 이러한 과실들이 경합하여 환자의 현 장애를 가져왔으므로 피고에게 과실이 있다고 주장한다.

(2) 법원 판단

특별한 건강상의 이상이 없던 환자가 국소마취제인 리도카인 투여 직후 국소마취제로 인한 중추신경계 독성의 전형적인 증상을 보인 이상, 환자의 증상은 아나필락시스 쇼크라기보다 국소마취제 투약에 의한 중추신경계의 독성반응으로 보는 것이 상당하다. 단, 환자의 현 장애는 국소마취제 투여로 인한 것인 이상, 전신마취제인 케타민을 주사하기 전 이에 준하는 검사를 실시하지 않은 과실은 현 장애의 발생과 상당인과관계가 있다고 할 수 없다.

나. 국소마취제 투여과정상 과실 유무: 법원 인정

(1) 원고 측 주장

국소마취제인 리도카인을 투여함에 있어 사전조사, 경과관찰 및 흡인검사 등을 제대로 시행하지 않는 바람에 리도카인이 혈관을 통하여 중추신경계에 유입되면서 중추신경계 독성을 유발시켰으므로 국소마취제 투여과정에서 피고의 과실이 있다고 주장한다.

(2) 법원 판단

국소마취제 투여 시 환자에게 감각이상여부를 질문하면서 천천히 간헐적으로 주입하여야 하고, 자주 흡인검사를 통해 혈액유출여부를 판단하는 등 환자 상태를 주의 깊게 관찰해야 하나, 피고는 환자에게 국소마취제를 투여하는 과정에서 이러한 주의를 기울이지 않은 과실로 인해 국소마취제가 혈관 내에 흡수되어 환자의 중추신경계 독성을 유발시킨 것으로 추정된다.

다. 사후 조치 상 과실 여부: 법원 불인정

(1) 원고 측 주장

중추신경계 독성으로 인하여 경련 및 호흡곤란이 나타났던 환자에 대하여 항경련제 투여를 포함한 신속하고 적절한 응급처리를 시행하지 않았으므로 과실이 있다.

(2) 법원 판단

경련이 지속되는 경우 항경련제를 투여하고 활력징후 유지를 위해 적절한 조치를 취해야 하는 점, 그러나 피고는 환자가 경련을 지속하며 산소포화도가 떨어졌음에도 산소마스크로 산소공급을 시도하다가 호전되지 않자 기관내 삽관을 실시하였고 미다졸람(항경련제)를 보관하고 있었음에도 투여하지 않은 점, 기관내 삽관 후에도 산소포화도가 안정적으로 유지되지 않았음에도 마취과전문의가 도착하기 전까지 추가 조치를 취하지 않은 점, 진료기록지에 구체적인 내용이 제대로 기재되어 있지 않은 점, 마취과전문의가 내원한 후 환자 호흡음이 좋지 않고 수포음이 들려 더 큰 인공기도관으로 교체한 점, 경련발생한지 약 40분 후에야 전원을 시도하였고 ○○○ 대학교

병원에 도착했을 당시에는 이미 뇌손상에 따른 반혼수상태였던 점 등을 종합해보면, 환자의 상태에 따른 피고의 사후 조치에 과실이 있고 이러한 과실로 인해 환자는 저산소성 뇌손상을 입었다고 할 수 있다.

라. 설명의무 위반 여부: 법원 불인정

(1) 원고 측 주장

환자의 보호자에게 이 사건 시술의 내용, 수술과정 및 그 부작용 등에 대한 상세한 설명을 하지 않았으므로 설명의무를 위반한 과실이 있다.

(2) 법원 판단

환자와 환자의 부모들은 피고로부터 이 사건 시술에 대한 설명을 듣기 전에 이미 시술을 받기로 결정을 내린 상태에서 환자가 피고 병원에 내원한 점, 이에 환자가 미성년자임에도 불구하고 환자의 부모들은 환자를 이모와 동행시켜 내원하도록 했고 피고로부터 설명을 듣기 위해 직접 내원하지 않은 점, 피고는 이 사건 시술 전에 이모의 참석 하에 환자에게 시술에 대한 대략적인 설명을 한 점, 당시 환자가 미성년자이기는 하나 법학과 재학 중인 대학생으로서 충분한 이해력과 결정력을 갖추고 있었고 피고로부터 설명을 들은 후 수술동의서를 작성한 점 등을 종합해보면, 환자의 법정대리인인 부모들에게 설명을 하고 동의를 얻는 것이 요구되지 않는다고 봄이 상당하므로, 원고 측의 주장은 받아들이기 어렵다.

3. 손해배상범위 및 책임제한

가. 의료인 측의 손해배상책임 범위: 60% 제한

나. 제한 이유

(1) 피고가 자신의 매형과 환자의 보호자를 거쳐 환자를 소개받고 이 사건 시술 비용 일부를 감액하여 주는 등 선의의 배려상태에서 뜻밖에 이 사건 의료사고가 발생한 점

(2) 피고가 개인병원을 운영하는 성형외과 의사로 마취 부작용으로 인해 발생한

중추신경계 독성증상에 대한 처치에 어려움이 있을 것으로 보이고, 나름의 최선의 조치를 하고자 노력한 점

(3) 고주파 비복근 퇴축술은 아직 표준치료지침이 마련되지 않은 시험적 시술방법이나, 피고는 동일방식의 시술을 이미 10회 가량 실시했고 그 과정에서 이와 같은 사고가 발생한 적이 없었던 점

(4) 리도카인은 임상에서 널리 사용되는 국소마취제로 만반의 조치를 취하더라도 부작용이 발생할 수 있는 점

다. 손해배상책임의 범위

(1) 청구금액: 1,120,072,714원

(2) 인용금액: 395,082,877원

① 재산상 손해: 350,082,877원(=583,471,462원×60%)

- 일실수입: 292,399,121원

- 개호비: 208,263,279원

- 치료비: 79,523,662원

- 보조장구비: 3,285,400원

② 위자료: 45,000,000원

4. 사건 원인분석

본 사건의 경우 국소마취제 리도카인 투여 시 환자상태 관찰을 소홀히 하여 중추신경계 독성이 유발되어 합병증이 발생한 사건이다. 자문의견과 같이 산소포화도가 하강할 당시 적절한 산소공급을 하는 등의 조치가 취해졌다면, 현재만큼의 손상을 야기하지는 않았을 것이다. 의료진의 경우 국소 마취 시 환자상태를 면밀히 살피면서 시행하여야 하나, 이를 소홀히 하였으며, 그로 인한 사고가 발생하였음에도 적절한 대처를 하지 못하였다. 더불어 본 기관에서 해결할 수 없는 경우 지체 없이 타병원으로 전원을 진행해야 함에도 불구하고, 적절한 조치 없이 마취과전문의가 도착하기만 기다린 과실이 있다. 또한 피고가 작성한 진료기록은 구체적이지 않아 당시의 상황을 확인할 수 없는 만큼, 피고의 사후 조치 과실 인정의 근거가 되었다. 소규모 병원에

서 발생한 사건으로 마취 시 환자상태 모니터링을 위한 장비가 제대로 구비되어 있지 않았거나, 구비되어 있다고 하더라도 충분히 주의하지 않았을 수도 있을 것이라 추정해 볼 수 있다. 이에 대해 자문의견은 마취의 위험성을 항상 염두에 두고, 국소마취 경우에도 환자의 임상양상을 적극적으로 살펴야 하며, 마취로 인한 합병증이 발생한 경우 의원급에서도 마취와 관련된 응급조치를 적절히 할 수 있도록 장비 구비와 이에 대한 교육을 받아야 한다고 보았다.

〈표 11〉 원인분석

분석의 수준	질문	조사결과
왜 일어났는가? (사건이 일어났을 때의 과정 또는 활동)	전체 과정에서 그 단계는 무엇인가?	- 마취 단계 - 수술 단계 - 전원 단계
가장 근접한 요인은 무엇이었는가? (인적 요인, 시스템 요인)	어떤 인적 요인이 결과에 관련 있는가?	• 의료인 측 - 국소마취 투여 시 환자상태 관찰 소홀 - 마취사고 발생 시 대처능력 부재 - 경련 및 산소포화도 감소시 대처 미흡 - 전원 지체 - 진료기록 부실기재
	시스템은 어떻게 결과에 영향을 끼쳤는가?	• 의료기관 내 - (추정) 마취시 환자상태 모니터링 위한 장비 미흡

5. 재발방지 대책

<그림 11> 판례 11 원인별 재발방지 사항

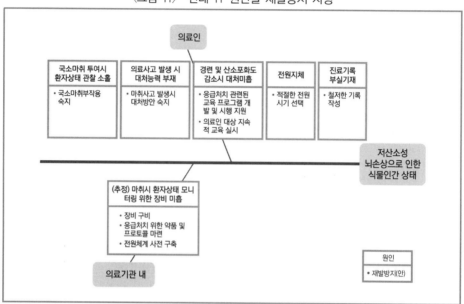

(1) 의료인의 행위에 대한 검토사항

의료인은 국소마취로 인한 부작용을 숙지할 필요가 있으며, 마취 사고 발생 시 즉각적으로 대응할 수 있는 대처 방안을 숙지하여야 한다. 또한 마취 시 환자상태를 철저하게 관찰하여야 하며, 진료기록을 충실하게 작성하여야 한다. 그리고 전원을 시행할 시 적절한 시기를 선택하여야 한다.

(2) 의료기관의 운영체계에 대한 검토사항

의료기관에서는 마취 시 환자상태 관찰을 위한 장비를 구비하여야 하며, 마취 사고 발생 시 응급처치를 위한 약품 및 응급처치에 대한 병원 자체의 프로토콜이 마련되어 있어야 한다. 또한 전원체계를 사전에 마련해 두어 전원이 필요할 시 활용할 수 있도록 하여야 한다.

(3) 학회·직능단체 차원의 검토사항

적절한 의료인력 배치 기준과 관련한 연구를 시행하고 연구결과를 공유할 필요가 있다. 또한 응급처치와 관련된 의료인 교육 프로그램을 개발하고 이러한 교육 프로그램 개발 및 시행을 위한 지원을 하여야 한다. 의료인을 대상으로 국소 마취제의 위험성, 진료기록부 작성 방법과 중요성 등에 대한 지속적인 교육을 실시하여야 한다.

판례 12. 종아리 축소술 중 마취제로 인한 아나필락시스로 심폐소생술을 시행하였으나 실시 상의 과실로 사망한 사건_서울고등법원 2013. 2. 28. 선고 2012나45001, 2012나45018 판결

1. 사건의 개요

환자는 종아리 축소술을 받기 위해 내원하였고, 수술 도중 산소포화도가 감소되어 응급처치를 하였으나 결국 사망한 사건이다[서울중앙지방법원 2012. 5. 16. 선고 2010가합115107, 2010가합117462 병합 판결, 서울고등법원 2013. 2. 28. 선고 2012나45001, 2012나45018 병합 판결]. 이 사건의 자세한 경과는 다음과 같다.

날짜	시간	사건 개요
2010. 2월경		• 환자는 비절개 신경차단술(종아리 축소술)을 받기 위해 피고병원 내원(환자 여자. 사고 당시 22세) • 성형외과 전문의(피고 D)는 환자에게 기왕병력 및 특정약물 과민반응 확인했고 환자는 없다고 대답함
2010. 2. 23.	11 : 00	• 환자는 원고 B와 함께 피고병원 내원하여 수술동의서에 서명하고 종아리부위 사진 촬영함
	11 : 52	• 마취과전문의(피고 E)는 엎드려 있는 환자에게 프로포폴 60mg, 케타민 50mg을 주사하여 수면마취를 시킨 다음 산소마스크를 착용시킴
	11 : 55	• 피고 D는 환자에 대한 시술 시작 • 피고 E는 환자의 혈압징후 모니터를 관찰하며 산소포화도 센서와 산소마스크 위치를 조정함
	12 : 08	• 피고 E는 환자의 구강분비물을 흡인 제거하였고 서맥증상이 있어 아트로핀 주사함
	12 : 11	• 피고 E는 모니터 관찰하다가 수술을 중단시키고 환자를 앙와위로 변경한 후, 앰부백으로 산소를 공급하며 간호사에게 모프람, 에페드린을 주사하도록 지시함 • 피고 D는 환자 손가락을 만져보고 오른손에 있던 산소포화도 센서를 왼손으로 이동시킴
	12 : 16	• 산소포화도 측정기 교체
	12 : 19	• 기관삽관 시행

날짜	시간	사건 개요
2010. 2. 23.	12 : 22	• 성형외과 전문의 I는 후두경을 이용하여 환자의 동공반사 확인
	12 : 28	• 피고 D, 환자의 동공반사 확인
	12 : 21	• 간호사, 피고 E지시에 따라 환자에게 에페드린과 아트로핀 각 주사
	12 : 23	• 간호사, 피고 E지시에 따라 환자에게 에페드린과 아트로핀 각 주사
	12 : 29	• 간호사, 피고 E지시에 따라 환자에게 에페드린과 아트로핀 각 주사
	12 : 34	• 간호사, 피고 E지시에 따라 환자에게 에페드린과 아트로핀 각 주사
	12 : 35	• 간호사, 피고 E지시에 따라 환자에게 에페드린과 아트로핀 각 주사
	12 : 37	• 간호사, 피고 E지시에 따라 환자에게 에페드린과 아트로핀 각 주사
	12 : 44	• 마취과전문의 J는 오른손 주먹으로 환자 흉부에 충격을 줌 • I, J, 피고 E는 환자에게 2~7회 흉부압박을 하다가 중단하는 행위 반복
	12 : 47	• 피고 D, 119 연락
	12 : 49	• 피고들 및 I, J는 환자에게 제세동기 연결하고 4~12회 흉부를 압박하다가 중단하는 행위 반복
	12 : 57	• 피고 E는 환자에 대한 직장수지검사 실시
	12 : 59	• 119대원 도착 • 당시 무호흡, 무맥박 상태인 환자에게 30회 이상 흉부압박을 한 후 앰뷸런스로 ○대학교병원으로 이송
	13 : 24	• 환자는 심정지 상태로 ○대학교병원 응급실에 도착 • 약 40분간 심폐소생술 실시하였으나 소생 못함

2. 사건에 대한 판단요지(주장과 판단)

가. 초기 대응 상 과실이 있는 지 여부: 법원 불인정

(1) 원고 측 주장

마취 유도 후 얼마 지나지 않아 간헐적으로 산소포화도 센서를 만지고 위치를 조정한 것은 이미 환자에게 불안정한 증상과 서맥이 나타났다고 봄이 타당하고 그 시점부터 신속히 환자를 깨우고 다리를 올리고 산소 및 수액공급을 증가시켰어야 함에도, 이러한 적절한 조치를 취하지 않은 과실이 있다고 주장한다.

(2) 법원 판단

간헐적으로 산소포화도 센서를 만지고 위치를 조정한 사실만으로 환자에게 불안정한 증상과 서맥이 나타났다고 인정하기 부족하고, 12 : 11분경 환자에게 호흡촉진체인 독사프람을 투여한 것을 통해 피고들이 환자를 깨우지 않은 과실있다고 보기 어려우며, 또한 다리를 올리는 것이 아나필락시스 상황에서 심박출량 증가에 기여하지 못한다는 연구결과 등에 비추어, 원고들의 주장은 이유 없다.

나. 응급상황에서 에피네프린 대신 에페드린을 투여한 과실 및 산소, 수액 공급을 증가시키지 않은 과실이 있는지 여부: 법원 불인정

(1) 원고 측 주장

수면마취 하에 환자에게 시술하던 중 활력징후에 이상이 생겼을 때 피고들은 응급상황에서 투약해야 하는 에피네프린 대신 약효가 느리게 발현하고 속성내성이 있는 에페드린을 반복하여 투여하였고 산소 및 수액 공급을 증가시키지 않은 과실이 있다고 주장한다.

(2) 법원 판단

혈압이 급격히 변하고 빈맥이 나타나는 아나필락시스의 일반적인 증상과 달리 환자의 혈압은 처음에는 정상이다가 서서히 떨어지면서 처음부터 서맥증상이 나타났고 환자에게 과거력도 없었던 점에 비추어 처음부터 피고들이 아나필락시스라고 진단내리기 어려웠을 것으로 보이는 점, 이로 인해 아나필락시스로 확진되지 않은 상태에서 에피네프린 투여보다 큰 부작용 없이 사용할 수 있는 에페드린이 먼저 사용되며 에페드린은 처음부터 소용량 사용이 권유되고 있는 점, 피고들은 환자의 자세를 변경 후 혈압을 올리기 위해 에페드린과 아트로핀을 수차례 투여한 점, 피고 E는 수술 시작할 때부터 산소공급을 실시했고 활력징후 이상 시 앰부백을 사용하여 산소를 공급한 점 등을 비추어 볼 때, 환자에 대한 산소 및 수액공급과 관련한 피고들의 주의의무 위반이 있다는 원고들의 주장은 이유 없다.

다. 심폐소생술 실시 상 과실이 있는지 여부: 법원 인정

(1) 원고 측 주장

심폐소생술은 분당 최고 100회 속도로 흉부압박을 해야 함에도 불구하고 피고들은 2~7회 흉부압박을 실시하고 쉬는 행동을 반복한 과실이 있다고 주장한다.

(2) 법원 판단

피고들이 심폐소생술을 시작한 12 : 44경부터 환자의 활력징후에 심각한 이상이 있었을 것으로 보이고 당시 치료실에는 성형외과전문의 2명, 마취과전문의 2명이 있었으나, 피고들은 환자에게 2~12회 흉부압박을 실시하다가 중단하는 행위를 반복했을 뿐 분당 100회 이상의 속도로 흉부압박을 하고 중단시간을 최소화해야 하는 심폐소생술의 기본원칙에 반하여 환자에게 불성실하게 심폐소생술을 실시함으로써 환자의 사망을 초래한 과실이 있다고 봄이 타당하다.

3. 손해배상범위 및 책임제한

가. 의료인 측의 손해배상책임 범위: 30% 제한

나. 제한 이유

(1) 마취제로 인한 쇼크 혹은 아나필락시스가 발생한 것에는 환자의 체질적 소인이 작용했다고 봄이 상당한 점

(2) 피고 E는 수술 시작할 때부터 환자의 활력징후를 지속적으로 관찰하였고 이상이 발생 시 비교적 신속하게 조치를 취한 것으로 보이는 점

(3) 수술 당시 환자의 활력징후 이상 원인이 무엇인지 판단하기 어려웠을 것으로 보이는 점

(4) 과거력이 없는 환자에게 마취제로 인한 쇼크 혹은 아나필락시스 발생가능성을 예견 및 회피할 수 있는 방법이 없어 보이는 점

(5) 피고들이 원칙에 따라 성실하게 심폐소생술을 했더라도 환자가 정상적인 상태로 회복할 수 있었을지 여부는 알 수 없는 점

다. 손해배상책임의 범위

(1) 청구금액: 434,321,890원(원고 A[1] 210,247,170원＋원고 B 및 C[2]
   각 10,000,000원＋원고 D[3] 204,074,720원)

(2) 인용금액: 125,567,647원

   ① 재산상 손해: 76,567,647원

     - 일실수입: 72,826,992원(＝242,756,640원×30%)

     - 장례비: 3,740,655원(＝12,468,853원×40%)

   ② 위자료:49,000,000원

     - 환자: 25,000,000원

     - 원고 A: 12,000,000원

     - 원고 B 및 C: 각 6,000,000원

4. 사건 원인분석

이 사건에서 환자는 종아리축소술을 받기 위해 내원하였다. 마취과전문의는 수술을 위해 엎드려있는 환자에게 수면마취를 시행하였고 성형외과전문의는 수술을 시작하였다. 마취과전문의는 환자의 혈압 및 산소포화도를 모니터링하고 있었으며, 수술 중 환자의 구강분비물을 흡인 제거하였고 서맥 증상이 발생하여 아트로핀을 주사하였다. 몇 분 후 모니터를 관찰하던 마취과전문의는 수술을 중단시키고 기관삽관 및 에페드린과 아트로핀 등을 투약하였으며 심폐소생술을 시행하였다. 의료진은 환자를 타병원으로 전원하였으나 환자는 결국 사망하였다. 법원에서는 의료진이 환자에게 2~12회 흉부압박을 실시하다가 중단하는 행위를 반복했고, 분당 100회 이상의 속도로 흉부압박 및 중단시간 최소화와 같은 심폐소생술의 기본원칙을 지키지 않았다고 판단하였다. 자문위원은 이 사건이 분비물이 많아 발생한 문제일 수도 있다고 지적하며, 환자의 기본정보를 파악하는 것이 중요하다고 강조하였다. 수술 전 환자가 금식

---

1) 사망한 환자의 모, 환자의 친권자.

2) 사망한 환자의 자매.

3) 사망한 환자의 부, 2006. 2. 14. 원고 A와 협의 이혼.

관련 지시사항을 정확하게 지켰는지, 흡연 여부 등에 대한 파악이 이루어져야 한다고
의견을 제시하였다.

〈표 12〉 원인분석

분석의 수준	질문	조사결과
왜 일어났는가? (사건이 일어났을 때의 과정 또는 활동)	전체 과정에서 그 단계는 무엇인가?	-응급처치 -마취단계(마취제로 인한 쇼크)
가장 근접한 요인은 무엇이었는가? (인적 요인, 시스템 요인)	어떤 인적 요인이 결과에 관련 있는가?	• 의료인 측 -심폐소생술 기본원칙 미준수 -마취사고에 대한 응급 조치 원칙 미준수(심폐소생 술 숙지 필요)
	시스템은 어떻게 결과에 영향을 끼쳤는가?	

5. 재발방지 대책

〈그림 12〉 판례 12 원인별 재발방지 사항

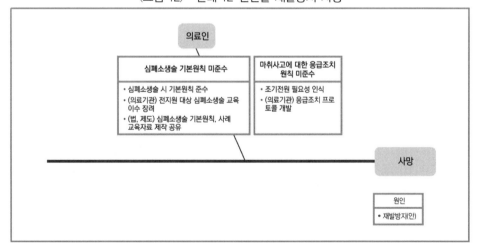

(1) 의료인의 행위에 대한 검토사항

심폐소생술 시행 시 기본원칙을 준수하여야 하며, 환자의 상태에 따라 조기 전원이 필요할 수 있음을 인지하여야 한다.

(2) 의료기관의 운영체계에 대한 검토사항

기관에 근무하는 전 직원을 대상으로 심폐소생술 교육을 이수하도록 장려하여야 한다. 또한 응급상황 발생 시 적용할 수 있는 의료기관 내 프로토콜(예: 직원 A는 응급조치, 직원 B는 119연락 등)을 정립할 필요가 있다.

(3) 학회·직능단체 및 국가 차원의 검토사항

심폐소생술 기본원칙 미준수로 발생한 사건 사례를 교육자료로 제작하여 공유하고, 수술 및 마취 등을 시행하는 의료기관에 근무하는 직원이 심폐소생술 교육을 받을 수 있도록 지원책을 마련할 필요가 있다. 또한 마취와 관련된 부작용, 그에 대한 대응책 등을 교육자료로 제작 및 공유하여야 한다.

판례 13. 유방확대술 후 경과관찰 소홀로 인한 환자 사망 사건_서울중앙지방법원 2015. 12. 8. 선고 2013가합552165 판결

1. 사건의 개요

환자는 유방확대술을 받은 후 어지러움증 및 구토증상으로 여러 차례 내원하였고, 의사는 항생제를 투약하며 경과를 관찰하였다. 그런 중 심정지 상태로 타병원 응급실 내원하였으나 저혈량 상태의 빈혈, 감염의증, 급성신장손상, 심한 대사성 산증 소견으로 사망한 사건이다[서울중앙지방법원 2015. 12. 8. 선고 2013가합552165 판결]. 이 사건의 자세한 경과는 다음과 같다.

날짜	시간	사건 개요
2013. 8. 21.		• 유방확대술 상담을 위해 피고병원 내원(환자 여자. 사고 당시 22세) • 유방확대술 설명을 하고 수술 전 검사 시행 • 검사결과에 별다른 이상 없음
2013. 8. 26.	10 : 30	• 수술시작
	12 : 30	• 수술종료
	13 : 00	• 회복실 이동 • 의식명료, 활력징후 정상, 자가배뇨 가능한 상태
	18 : 10	• 항생제 정맥주사 후 며칠간 항생제 주사를 맞으러 내원할 것을 설명하고 경구항생제, 진통소염제 처방 후 퇴원
2013. 8. 27		• 피고병원 내원하여 간호사로부터 항생제 주사 투여받고 식사 및 물 섭취 관련 설명 들음
2013. 8. 28		• 수술부위 배액관 제거 후 봉합함 • 환자는 수술부위 압박붕대로 답답한 증상 호소하고 구토증상으로 호박즙만 먹었다고 함 • 피고는 포도당수액 500cc 투여하고자 하였으나 환자는 100cc 정도 맞은 후 중단하고 귀가함
2013. 8. 29		• 속이 안 좋아 전일 항생제 먹지 않았다고 이야기함 • 피고는 항생제주사 투여하고 경구약 복용하지 말고 경과를 지켜보자고 함

날짜	시간	사건 개요
2013. 8. 30.		• 약간 어지럽고 구토 증상 있으며 생리시작했다고 이야기함 • 피고는 산부인과 진료 및 내과진료 권유함
2013. 8. 31.		• 어지럼증 있으나 속 울렁거림 호전됨. 가슴이 답답하다고 호소하여 보정속옷 큰 것으로 교체했고 답답함 호전됨 • 피고는 혈액검사 권유했으나 환자는 상태가 좋아진 것 같다고 보류하고 항생제도 거부하여 맞지 않음
2013. 9. 2.		• 어지럼증과 구토증상 호소 • 피고는 내과에 진료의뢰함 • 내과의사는 환자에게 포도당 수액 투여, 위염 의심하여 약처방, 항생제 등 경구약 복용 중단함
2013. 9. 3.		• 환자는 피고병원에 전화하여 보정 속옷을 안 입어도 되냐고 문의했고 의료진은 최대한 유지하라고 설명함
2013. 9. 4.		• 환자가 가슴이 답답하고 숨이 차다고 호소 • 피고는 영상의학과 병원에 의뢰하여 흉부방사선검사 시행하였으나 특별한 이상 없음
2013. 9. 5.	9 : 00	• 호흡곤란 호소
	10 : 25	• 119구급차로 도착 4분전부터 심폐소생술하면서 고려대 안암병원 응급실에 심정지 상태로 도착
	10 : 34	• 자발순환 회복
	10 : 41	• 혈액검사결과 저혈량 상태의 빈혈, 감염의증, 급성신장손상, 심한 대사성 산증 소견보임
2013. 9. 17	1 : 20	• 계속 치료받았으나 악화되어 사망

2. 사건에 대한 판단요지(주장과 판단)

가. 수술 전 월경시기를 확인하지 않은 과실이 있는 지 여부: 법원 불인정

(1) 원고 측 주장

피고는 이 사건 수술 전에 환자의 월경시기를 확인하지 않아 환자가 월경주기에 이 사건 수술을 받게 되어 출혈 및 이로 인하여 발생할 수 있는 위험에 노출시킨 과실이 있다고 주장한다.

(2) 법원 판단

진료기록감정촉탁 결과에 의하면 월경기간에 유방확대술을 하더라도 크게 상관이 있는 정도의 것은 아니라고 인정되는바, 수술 전 환자에 대한 월경시기를 확인하지 아니한 것을 의료 상 과실로 보기 부족하고 환자의 경우에는 수술 후 4일째 외래진찰 시 월경을 시작했다고 이야기 했으므로, 원고들의 주장은 이유 없다.

나. 항생제 투여 및 처방과 관련된 과실이 있는지 여부: 법원 불인정

(1) 원고 측 주장

피고는 이 사건 수술 다음날 휴가라는 이유로 간호사에게 의사 처방 없이 환자에게 항생제를 주사로 투여하도록 방치하고 환자가 경구용 항생제복용을 임의로 중단하였다는 말을 듣고도 대체 항생제 투여 등 조치를 취하지 않은 과실이 있다고 주장한다.

(2) 법원 판단

피고가 의사 처방 없이 간호사에게 항생제를 주사하도록 하였다고 인정할 아무 증거가 없고, 환자가 경구용 및 주사용 항생제 투약을 중단한 것은 환자 의사에 따른 것으로 이를 피고의 잘못으로 볼 수 없으며, 실제로 당시 환자의 증상이 항생제 부작용으로 의심할 수 있는 상황에서 특별히 환자에게 항생제 치료가 긴급히 필요한 상황으로 볼 사정이 없는 이상 이를 의료상의 과실로 보기 어려우므로, 원고들의 주장은 이유 없다.

다. 수술 후 경과관찰을 소홀히 한 과실이 있는지 여부: 법원 인정

(1) 원고 측 주장

피고는 이 사건 수술 이후 환자가 호소한 증상 등에도 불구하고 만연히 수술 후 나타날 수 있는 일시적인 현상으로 생각하여 혈액검사 등을 실시하지 아니하였고, 환자의 급성신장손상, 대사성 산증 등 발생위험 가능성을 사전에 확인하지 않은 과실이 있다고 주장한다.

(2) 법원 판단

수술 직후 1주일 이상 지속적으로 답답함 등의 증상을 호소하였고 중간에 항생제를 중단하였음에도 증상이 크게 개선되지 않은 점, 수술 후 4일째 월경시작을 알렸음에도 월경 주기 등을 확인하지 않은 점, 혈액검사를 한차례 권유하였을 뿐 더 설득하려는 노력을 하지 않은 점, 피고병원 마지막 내원한 날 흉부방사선 검사를 받기 위해 이동시 병원 직원이 동반한 것을 비추어 환자의 상태가 상당히 좋지 않았던 것으로 보임에도 활력징후를 측정하지 않고 혈액검사를 다음날로 보류한 점, 부검 및 진료기록감정촉탁에서 좀 더 신속한 검사 및 치료를 시행하지 못한 것이 예후에 악영향을 미쳤을 가능성이 고려된다고 의견이 제시된 점 등을 볼 때, 피고는 의료상의 과실에 기한 불법행위에 대해 원고들이 입은 손해를 배상할 책임이 있다.

3. 손해배상범위 및 책임제한

가. 의료인 측의 손해배상책임 범위: 30% 제한

나. 제한 이유

(1) 수술 후 환자에게 나타난 증상에 대하여 항생제 부작용, 소화기계 염증 등을 예상하여 그에 상응하는 처치를 위해 어느 정도 노력을 한 것으로 보이는 점

(2) 피고가 최초 환자에게 혈액검사를 권유하였을 때 환자가 이를 거부한 점

(3) 유방확대술의 경우 일반적으로 수술 후 반드시 혈액검사를 시행하는 것은 아닌 점

(4) 환자가 피고병원에서 호소한 증상만으로 갑작스런 심정지를 예상하기 쉽지 않았을 것으로 보이는 점

(5) 환자에게 눈에 띠는 활동성 내부출혈이 있었다는 점을 인정할 자료가 없고 진료기록상 특이점이 발견되지 않는 등 환자에게 나타난 급격한 상태악화 원인을 정확히 알기 어렵고 환자측 소인도 어느 정도 개입하였을 것으로 보이는 점

다. 손해배상책임의 범위

(1) 청구금액: 462,959,040원(원고 A 237,748,080원 + 원고 B 179,210,960원 + 원고 C 10,000,000원)

(2) 인용금액: 133,104,554원

① 재산상 손해: 104,104,554원(= 347,015,180원×30%)
- 일실수입: 253,809,600원
- 기왕치료비: 88,205,580원
- 장례비: 5,000,000원

② 위자료: 29,000,000원
- 환자: 15,000,000원
- 원고 A, B[4]: 각 6,000,000원
- 원고 C[5]: 2,000,000원

4. 사건 원인분석

환자는 유방확대술을 위해 내원하였고 상담 및 수술 전 검사 시행 후 수술을 받았다. 퇴원 후 병원을 내원한 환자는 답답한 증상 및 구토 증상을 호소하였고, 다음 날에도 속이 좋지 않다는 등의 증세를 호소하였다. 의사는 산부인과 및 내과 진료를 권유하였고 답답한 증상을 해소하기 위해 보정속옷을 큰 것으로 교체하여 답답함이 호전되었다. 의사는 환자에게 혈액검사를 권유하였으나 환자는 상태가 호전되었다며 보류하고 항생제도 거부하여 맞지 않았다. 이틀 뒤 환자가 또다시 어지럼증과 구토증상을 호소하자 의사는 내과에 진료 의뢰하였고, 내과의사는 위염을 의심하며 약을 처방하였다. 환자가 이틀 후 또다시 가슴이 답답하고 숨이 차다고 호소하여 의사는 영상의학과 병원에 의뢰하여 흉부방사선 검사를 시행하였으나 특별한 이상은 없었다. 다음날 호흡곤란을 호소하여 타병원 응급실에 심정지 상태로 도착하였고 혈액검사결과 저혈량 상태의 빈혈, 감염의증, 급성신장손상, 심한 대사성산 증 소견을 보였다.

---

4) 환자의 부모.
5) 환자의 오빠.

환자는 치료를 계속 받았으나 상태가 악화되어 사망하였다. 이 사건에서 의료인은 수
술 후 환자가 지속적으로 이상증세를 호소하였음에도 해당 증상을 수술 후 일어날
수 있는 일시적인 증상으로 치부해 버린 것으로 생각된다. 또한 검사 및 치료를 권유
하였을 때 환자가 거부하여도 해당 치료가 필요하다고 판단되면 환자를 설득하여야
함에도 이러한 노력을 하지 않았다.

〈표 13〉 원인분석

분석의 수준	질문	조사결과
왜 일어났는가? (사건이 일어났을 때의 과정 또는 활동)	전체 과정에서 그 단계는 무엇인가?	− 수술 후 경과관찰 단계
가장 근접한 요인은 무엇이었는가? (인적 요인, 시스템 요인)	어떤 인적 요인이 결과에 관련 있는가?	• 환자 측 − 혈액검사 권유받았으나 거부함 − 경구용 및 주사용 항생제 투약 중단 요청 • 의료인 측 − 수술 후 경과관찰(지속적으로 이상증세 호소하 였음) − 환자 상태 좋지 않음에도 활력징후 측정 및 검사 연기 − 검사 및 치료 거부하는 환자를 설득하려고 노력하 지 않음 − 환자가 호소하는 증상이 악결과를 초래할 수 있는 원인이라는 의심을 하지 못함(수술 후 일어날 수 있는 일시적 증상으로 치부해버림)
	시스템은 어떻게 결과에 영향을 끼쳤는가?	

5. 재발방지 대책

〈그림 13〉 판례 13 원인별 재발방지 사항

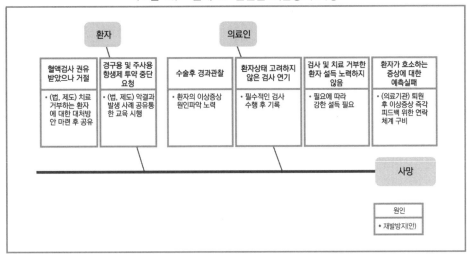

(1) 의료인의 행위에 대한 검토사항

수술 후 경과관찰 및 환자가 이상증상을 호소할 시 이에 대한 원인을 파악하기 위해 노력해야 하며, 환자가 호소하는 증상이 일반적인 증상인지 이상 증상인지를 구별할 수 있어야 한다. 환자 상태 파악 시 활력징후 측정 및 관련 검사를 실시하고, 결과에 대한 기록을 철저하게 작성하여야 한다. 검사 및 치료를 거부하는 환자의 경우, 필요에 따라 강한 설득 및 경고, 해당 의료행위를 받지 않았을 경우 발생할 수 있는 상황에 대한 설명 등을 시행하여야 한다.

(2) 의료기관의 운영체계에 대한 검토사항

환자가 퇴원한 뒤 이상증상을 호소할 시 주치의가 즉각적으로 피드백을 해 줄 수 있는 연락체계를 구비하여야 한다.

(3) 학회·직능단체 차원의 검토사항

검사 및 치료를 거부하는 환자에 대한 대처 방안을 마련하고 의료인들에게 제시하고 공유하여야 한다. 환자가 호소하는 증상이 수술 후 발생할 수 있는 증상, 또는 일시적인 증상과는 다른 경우, 구별했어야 하는 증상을 구별하지 못하여 악결과가 발

생한 사례를 공유하여 환자의 증상 호소를 중요하게 생각할 수 있도록 교육을 시행
하여야 한다.

판례 14. 유방확대술 후 발생한 괴사로 인하여 유방 형태 소실 및 지속적인 통증 호소 사건_서울고등법원 2013. 6. 27. 선고 2012나49348 판결

1. 사건의 개요

유방확대술 이후 오른쪽 유륜 주변 괴사가 발생하여 오른쪽 가슴에서 보형물을 꺼낸 후 괴사 부위에 고인 삼출물을 흡입하여 제거하고, 보형물을 포비돈으로 소독한 후 다시 삽입하였다. 그 이후 수차례 항생제 치료하였으나 현재 오른쪽 유방 형태를 거의 소실하였으며, 지속적인 작열감 및 통증을 호소하고 있는 사건이다[서울중앙지방법원 2012. 5. 22. 선고 2010가합31308 판결, 서울고등법원 2013. 6. 27. 선고 2012나49348 판결]. 이 사건의 자세한 경과는 다음과 같다.

날짜	사건 개요
2009. 1. 16.	• 환자는 피고로부터 유방확대술을 받음(환자 여자) • 수술 당시 세파클러(항생제), 옥시콘틴(진통제), 베아제(소화제)를 처방함
2009. 1. 17.	• 수술 이후 혈액 300cc 배출됨 • 겐타마이신(항생제) 1앰플 주사함
2009. 1. 19.	• 혈액 1800cc 더 배출됨 • 빈혈 및 통증 호소하여 적혈구농축액 2파인트 수혈함 • 오른쪽 가슴에서 수술시 삽입했던 코젤백을 꺼냈다가 다시 삽입하는 수술 시행 • 겐타마이신, 케로민 각 1앰플 주사 후 항생제, 소화제 등을 복용하도록 처방함
2009. 1. 20.	• 혈액 100cc 배출 • 겐타마이신 1앰플 주사
2009. 1. 21.	• 혈액 100cc 배출 • 겐타마이신 1앰플 주사
2009. 1. 22.	• 혈액 80cc 배출 겐타마이신 1앰플 주사
2009. 1. 23.	• 혈액 80cc 배출 겐타마이신 1앰플 주사

날짜	사건 개요
2009. 1. 28.	• 환자의 오른쪽 유륜 주변 괴사 발생 진단 • 징코민 80mg 복용하도록 처방함
2009. 1. 31.	• 겐타마이신, 마로비벤 각 1앰플 주사하고 징코민 복용하도록 처방함
2009. 2. 2.	• 겐타마이신 1앰플 주사함
2009. 2. 4.	• 괴사 부위가 더 넓어지고 상태 악화
2009. 2. 6.	• 오른쪽 가슴에서 보형물 꺼낸 후 괴사 부위에 고인 삼출물 흡입하여 제거하고 보형물을 포비돈으로 소독한 후 다시 삽입함 • 세파클러, 케로민, 겐타마이신 각 1앰플 주사하고 먹는 약 복용하도록 처방함
2009. 2. 7.	• 세파클러 1앰플 주사
2009. 2. 9.	• 2009. 3. 28.까지 지속적으로 겐타마이신, 세파클러 각 1앰플 주사함
2009. 3. 9.	• 우측 가슴 봉합부위 뜯어져 재봉합
2009. 3. 15.	• 우측 가슴 봉합부위 뜯어져 재봉합
2009. 3. 23.	• 괴사부위에 대한 조직 배양검사 의뢰
2009. 3. 24.	• 오른쪽 가슴 수술부위 봉합 벌어져 다시 봉합함
2009. 3. 26.	• 조직 배양검사결과 칸디다균 검출 보고됨
2009. 3. 27.	• 3주간 항진균제 복용하도록 처방함 • 향후 피고에게 일체의 민·형사상 책임을 묻지 않겠다는 취지의 1차 확인증 작성
2009. 4. 3.	• 오른쪽 가슴에서 위 코젤백을 제거하고 괴사부위에 변연절제술 시행함 • 향후 피고에게 일체의 민·형사상 책임을 묻지 않겠다는 취지의 2차 확인증 작성
2009. 4. 30.	• 괴사부위 조직배양검사 재의뢰 • 특정 세균 검출되지 않음
2009. 5. 14.	• 오른쪽 가슴 수술부위에서 흰색 액체가 나옴
2009. 5. 15.	• 환자는 유방의 염증 및 통증치료를 위해 2010. 2. 22.경까지 C의원, D의원, E병원 등에서 통원치료 받음 • 현재 오른쪽 유방 형태를 거의 소실하였으며 지속적인 작열감 및 통증호소하고 있음

2. 사건에 대한 판단요지(주장과 판단)

가. 술기상의 과실 여부: 법원 인정

(1) 법원 판단

이 사건 수술 후 오른쪽 가슴에 통증 및 발열, 다량 출혈이 나타났던 점, 수술 후 12일째 되는 날 오른쪽 유륜주위 절개부위의 세포괴사가 발생하였던 점, 이 수술과 같이 유륜절개방식에 의한 유방확대술의 경우 수술 중 유륜을 과도하게 견인하거나 혈관이 손상되는 경우 절개부위 괴사가 발생할 수 있는 점, 유륜절개 부위 괴사는 수술 후 일주일 정도 후 확실하게 나타나는 점, 유방확대술 후 흡연하는 경우 피부괴사에 기여할 수는 있으나 다른 원인 없이 흡연만으로는 괴사가 유발되지 않는 점, 이 사건 수술 외 괴사가 발생할 만한 다른 원인을 찾기 어려운 점 등에 비추어 보면, 피고는 수술과정에서 유륜주위를 과도하게 견인하여 일정시간 혈류공급을 차단시키거나 주변조직을 손상시킨 술기상의 과실이 있다고 봄이 상당하다.

나. 이 사건 수술 이후 치료과정에 있어서의 과실 여부: 법원 인정

(1) 법원 판단

수술부위에 괴사가 발생하였다면 괴사부위 제거 및 코젤백 제거 후 상처부위를 치료하여야 하며, 상처부위 균 조직검사를 통해 그에 알맞은 항생제를 처방하거나 상급병원으로의 신속한 전원을 고려하여야 할 주의의무가 있음에도 불구하고, 피고는 환자의 괴사부위가 악화되고 있음에도 상급병원으로의 전원을 고려하지 않았고, 괴사발생 한 달 후에야 조직배양검사를 했을 뿐 그간 상처부위 치료를 위한 적극적인 조치를 게을리 하였으며, 괴사 진단 후에도 약 2개월이 경과하도록 코젤백을 가슴 안에 방치하는 등에 비추어 볼 때, 피고에게는 이 사건 수술 이후 치료과정에서 주의의무를 위반 과실이 있다.

다. 설명의무위반 과실 여부: 법원 인정

(1) 법원 판단

미용목적의 성형수술의 경우 수술 전 충분한 설명을 통해 환자의 선택권을 충분히 보장할 필요가 있음에도 불구하고, 증거자료로 제출된 수술신청서에 따르면 대부분이 부동문자로 인쇄되어 있는 점, 피고병원 직원이 환자의 서명을 받은 것에 불과한 점, 수술신청서의 부작용란에 기재된 부분은 환자에게 부작용이 발생한 후 사후에 보충되었을 가능성을 배제할 수 없는 점 등에 비추어보면, 피고가 환자에게 수술에 대해 구체적으로 설명하였다는 점을 인정하기에 부족하고, 그 밖에 이를 인정할 증거가 없으므로, 피고는 설명의무를 위반한 과실이 있다.

3. 손해배상범위 및 책임제한

가. 의료인 측의 손해배상책임 범위: 60% 제한

나. 제한 이유

(1) 환자가 이 사건 수술을 하게 된 경위와 그 내용, 환자의 현재 상해 부위와 정도, 이 사건 수술 후 환자의 흡연으로 인해 증상이 악화되었을 가능성을 배제할 수 없는 점

다. 손해배상책임의 범위

(1) 청구금액: 118,530,230원
(2) 인용금액: 34,737,436원
  ① 재산상 손해: 14,737,436원(= 24,562,394원×60%)
    - 당해 수술비 및 기왕치료비: 5,890,230원
      (C의원 355,000원+D의원 126,600원+E병원 246,490원 약제비 162,140원)
    - 향후치료비: 18,672,164원
  ② 위자료: 20,000,000원

4. 사건 원인분석

이 사건에서 환자는 유방확대술을 위해 내원하였다. 수술 받은 다음 날 혈액이 300cc 배출되었고, 이틀 후 혈액 1800cc가 더 배출되었다. 환자가 빈혈 및 통증을

호소하여 수혈을 시행하였고 오른쪽 가슴의 삽입한 보형물을 꺼내 다시 삽입하는 수술을 하였다. 이후에도 계속적으로 혈액이 배출되었고 오른쪽 유륜 주변의 괴사가 발생하였다. 항생제 등을 투약하였으나 괴사 부위가 더 넓어지고 상태가 악화되어 오른쪽 가슴의 보형물을 꺼낸 뒤 괴사 부위의 삼출물 흡인 및 제거하고 보형물을 소독한 뒤 다시 삽입하였다. 이후 치료 과정에서 3차례 오른쪽 가슴 봉합부위가 뜯어져 재봉합 하였고, 조직 배양검사를 한 결과 칸디다균이 검출되었다. 환자는 오른쪽 가슴 보형물 제거 및 괴사부위 변연절제술을 시행 받았다. 그 후에도 유방의 염증 및 통증치료를 지속적으로 받았고, 현재 오른쪽 유방 형태를 거의 소실하였고 지속적인 작열감 및 통증을 호소하고 있다.

　　해당 사건에서는 조직괴사를 유발시킨 술기상의 과실, 적극적인 상처 부위 치료 미흡, 괴사 부위의 악화에도 불구하고 상급병원으로 전원을 고려하지 않은 점과 의료진이 직접 환자에게 수술과 수술에 대한 합병증에 대한 설명을 구체적으로 하지 않는 점이 원인으로 분석되었다.

〈표 14〉　원인분석

분석의 수준	질문	조사결과
왜 일어났는가? (사건이 일어났을 때의 과정 또는 활동)	전체 과정에서 그 단계는 무엇인가?	−수술 설명 단계 −수술 단계 −수술 후 경과관찰 단계
가장 근접한 요인은 무엇이었는가? (인적 요인, 시스템 요인)	어떤 인적 요인이 결과에 관련 있는가?	•환자 측 −흡연 •의료인 측 −설명 미흡 −수술 술기 미흡(조직괴사 유발시킨 술기상 과실 있음) −감염 관리 미흡 −전원 지체(괴사 부위가 악화되고 있었음)
	시스템은 어떻게 결과에 영향을 끼쳤는가?	

5. 재발방지 대책

〈그림 14〉 판례 14 원인별 재발방지 사항

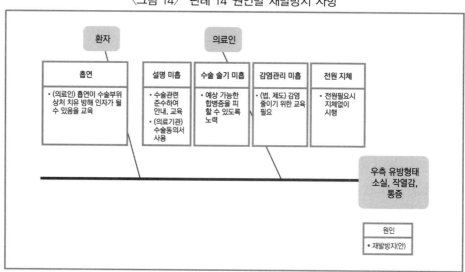

(1) 의료인의 행위에 대한 검토사항

수술의 내용 및 후유증에 대한 설명을 집도의가 직접 구체적으로 하여야 한다. 특히 수술 후 흡연 등 환자가 수술과 관련하여 준수하여야 하는 지시사항 등은 정확하게 안내하고 교육하여야 하며, 정확한 정보를 환자에게 제공한 다음 동의서를 받아야 한다. 또한 집도의는 수술 술기 증진을 위한 노력을 시행하여야 하며, 합병증을 피하기 위하여 노력하여야 한다. 또한 수술 후 감염에 대한 경각심을 가지고 이를 줄이기 위해서 노력하여야 하며, 수술 후 감염 증상이 발생한 경우 적극적으로 치료하며, 증상의 호전이 없는 경우 상급병원으로 지체 없이 전원하여야 한다.

(2) 의료기관의 운영체계에 대한 검토사항

수술에 대한 자세한 설명과 환자의 이해를 도울 수 있는 표준화된 동의서 양식을 사용하여야 한다.

(3) 학회·직능 단체 및 국가 차원의 검토사항

수술 부위 감염을 줄이기 위한 학회 차원의 교육이 필요하다.

┃ **참고자료** ┃   대한성형외과학회 유방성형 수술 동의서

유방수술 전 안내 사항 및 수술 동의서

* 환자이름 : _____   [주민등록번호 :   ]

* 복용중인 약물 : 아스피린( ), 비타민 E( ), 소염제( ), 건강보조식품( ), 기타 _____

* 수술 전 평가

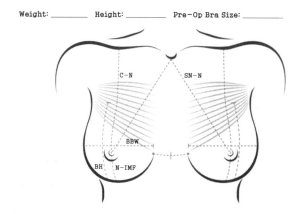

Weight: _____   Height: _____   Pre-Op Bra Size: _____

	Right	Left		Right	Left
Sternal notch to Nipple(SN–N):	____	____	Nipple to IMF(N–IMF):	____	____
Clavicle to Nipple(C–N):	____	____	Nipple to IMF(stretched):	____	____
Breast Base Width(BBW):	____	____	Areolar Diameter:	x	x
Breast Height(BH):	____	____	Intermammary Distance:	____	____

Asymmetry: Chest Wall _____   Breast _____

Nipple Level Discrepancy _____   IMF Level Discrepancy _____

* 수술계획

절   개: ☑ 겨드랑이   ☐ 유륜   ☐ 가슴밑주름선   ☐ 배꼽

보형물 위치: 대흉근밑   ☑ 유선밑   ☑ 대흉근막밑
          (Subpectoral)   (Subglandular)   (Subfascial)

보 형 물: ☑ 생리식염수   ☐ 실리콘   ☐ Textue   ☐ Smooth

보형물 볼륨: 좌 _____ cc   우 _____ cc

환자 _____ 는(은) 본인의 자유의사에 의하여 유방 확대 수술 및 이에 부수되는 마취를 신청합니다. 본인은 상기 수술의 방법과 수술에 의한 부작용 및 합병증에 대하여 충분한 설명과 질문의 기회를 가졌습니다.

1. 마취

1) 전신마취

기도내로 삽입되는 튜브로 인해 수술 후 목이 따끔거리고 아플 수 있습니다. 시간이 지나면서 저절로 좋아집니다. 마취제의 사용에 따른 합병증이 발생할 수도 있습니다. 합병증에는 호흡기 문제, 약물반응, 마비, 뇌손상, 사망 등이 있습니다.

** 마취 합병증: 발열, 흡인성 폐렴, 무기폐, 기흉, 폐부종, 급성 폐부전, 폐 전색증, 심부전, 심장마비, 심부정맥, 혈전증, 급성신부전증, 간기능부전(간염, 황달), 뇌출혈, 뇌전색, 소화기 기능부전, 전해질 장애, 마취약제에 의한 알레르기(전신, 척추, 국소마취) 등 …

2. 수술 술기

1) 술기

유방확대 수술은 보형물을 이용하는 수술입니다. 증가시키려 하는 부피에 해당되는 보형물의 크기를 결정합니다. 수술에 필요한 절개선은 겨드랑이나 유륜, 유방하부, 배꼽 등의 위치에 하게 되며, 절개선의 위치는 환자와 충분히 상의하여 결정합니다. 절개선의 길이는 식염수백의 경우 3cm, 코히시브젤백은 4cm 정도이며, 백의 크기나 피부나 연부조직의 상태에 따라서 약간 더 길게 절개가 필요한 경우도 있습니다.

피부절개 후 보형물을 위치시킬 공간을 만들게 되며, 공간은 대흉근 근육하, 대흉근 근막하 또는 유선조직하에 위치합니다. 이때 좀더 정확한 크기를 결정하기 위하여 싸이저라는 보조 보형물을 사용하기도 합니다.

가슴부위에 공간을 만든 후, 절개 부위를 통하여 보형물을 삽입하고, 필요한 경우 혈액 배액

을 능동적으로 할 수 있는 헤모백을 각 보형물 공간에 위치하게 됩니다. 이후 절개 위치에서 출혈유무를 다시 한 번 확인하고 출혈이 있는 경우 전기소작으로 지혈하고 절개선을 층층별로 봉합하게 됩니다.

이후 압박붕대와 부드러운 솜 거즈 등으로 압박드레싱을 하게 됩니다.

압박드레싱은 수술 후 5일 동안 위치시키며, 헤모백은 배액 정도에 따라 1~3일 정도 위치시킵니다.

2) 피부 절개 부위

피부절개선의 반흔이 남으며, 반흔 유착이 있을 수 있습니다.

개인마다 차이가 있지만, 흉터의 붉은 기운이 빠지는 데에는 6개월에서 1년 정도 걸립니다.

붓기와 멍은 체질에 따라 차이가 있는데, 체질적으로 멍이 잘 드는 경우는 시술 후에도 수개월까지 코, 눈, 얼굴 등에 색소침착이 있을 수 있습니다. 대부분 시간이 지나면서 개선이 됩니다.

3. 합병증

1) 구형구축

보형물은 이물질이므로 체내에 삽입되면 인체의 방어기전이 작동되어 섬유성의 막이 형성되며 보형물주위를 감싸게 됩니다. 이것은 피막이라고 하는데 피막이 얇게 생기면 성공적인 결과가 되지만 이 피막이 어떠한 원인(감염, 출혈, 이물질, 체질, 마사지 부족 등등)으로 두꺼워 지면서 좁아들게 되면 결국 보형물이 위치하는 가슴방이 좁아들어 촉감이 단단하고 모양도 변형이 되는데 이를 구형구축이라고 합니다.

발생률: 5% 전, 후

구형구축이 발생하였을 때 피막제거술 등이 필요할 수 있습니다. 이때의 비용은 유방확대 수술비용의 50%가 소요됩니다.

2) 파열

보형물파열: 수술 후 1년 이내에 보형물의 파열이 있는 경우, 보형물 비용과 마취비 등 기본 비용만 환자가 부담하여 보형물의 교체수술을 해드리게 됩니다. 수술 후 1년 이후 5년 이내에 보형물 파열이 있는 경우, 통상적인 유방확대수술비용의 50%의 비용이 소요됩니다.

특히 실리콘(코헤시브)젤 백으로 수술하는 경우 터져도 잘 느껴지지 않습니다.

터진 채로 오래 있을 경우 생길 수 있는 부작용 가능성 때문에 터졌는지에 대한 검사를 주기적으로 해야 합니다. 이런 검사를 본인이 책임지고 하겠다는 조건하에 승인이 난 상태입니다.

(3년 후부터 2년마다 MRI 검사를 요함) 보형물이 터지는 경우 교체를 해야 하며 5년 이전에는 비용이 전혀 없이 교환이 가능하지만 5년 이후에는 수술비용이 듭니다.

3) 출혈

수술 후 혈관에서 출혈이 되어 혈종이 생길 수 있습니다.

이후 멍이 들 수 있으며 통증이 동반되나 대개 2~3주 후에 소실됩니다.

간혹 혈종은 절개부위나 주사침을 이용하여서 제거를 하는 경우가 있고 심한 출혈의 경우 수혈가능성도 있습니다.

4) 염증

염증 발생 시 보형물을 제거해야 하며 다시 확대를 하는 경우는 6개월 정도 지난 후 상태를 확인하고 재삽입을 해야 합니다.

5) 리플링 현상

식염수 백의 경우 시간이 지나면서 식염수의 일부가 새어나와서 울퉁불퉁하게 보형물 외피의 일부분이 만져지는 현상 → 이 경우 코히시브 젤 백으로 교체

코헤시브젤 백의 경우에도 리플링 현상이 아니더라도 연부조직의 부족에 의하여 외피가 만져질 가능성이 있습니다.

6) 유두 감각 이상

일시적인 유두의 감각 이상(감각저하 및 과민)이 발생할 수 있으며 발생시 회복되는데 1~2년이 걸릴 수 있으며 처음과 똑같지 않을 수 있습니다.

7) 양측 유방의 대칭성에 대하여

양측 유방의 발육정도차이, 유두위치차이, 밑선차이, 좌우 흉곽의 높이나 넓이 차이 등에 의하여 수술 후 양측 유방의 크기나 양쪽 밑선이 똑같게 나오지는 않습니다.

8) 수술 후 촉감에 대하여

본인의 좌우 흉곽의 넓이나 높이 차이에 따라 같은 크기의 보형물을 넣더라도 촉감 차이는 발생할 수 있습니다.

4. 사진촬영

저희 병원에서는 수술 전, 후 사진 촬영을 하며 필요한 경우 수술 중에도 촬영할 수 있습니다. 사진을 찍는 이유는 수술 전, 후 비교를 통해 결과를 평가할 수 있고 의학발전과 교육을 위해 사용하기 위해서입니다.

* 이 사진들을 상업적인 목적이 아닌 의학발전과 교육을 위한 논문과 학회지 등의 발표에
사용하는 것을 승낙합니다. (   )

본인은 수술을 받기에 앞서 현재의 상태, 시행될 수술이나 마취의 성격과 효과, 수술
후에 일어날 수 있는 합병증이나 경과 그리고 재수술에 대해 상세한 설명을 들었으며
(   ) 이를 이해하였기에 자발적인 의사로 수술 동의서에 서명합니다.

년   월   일

본인 또는 대리인(수술대상자의   )   (인)
주민등록번호 :   연락처 :
주   소 :

제4장

체형 성형 및 신체 복합 성형
관련 판례

제4장 체형 성형 및 신체 복합 성형
관련 판례

판례 15. 복부지방흡입과 얼굴지방이식술 후 복부 천공 발생 및 후속
조치 과정상의 과실로 인하여 사망한 사건_대구지방법원 포
항지원 2013. 5. 24. 선고 2011가합738 판결

1. 사건의 개요

복부지방흡입 및 얼굴지방이식술 후 구토 및 통증 호소하였음에도 퇴원을 지시
하고 통원치료를 시작하였다. 이후 호흡곤란, 심계항진 등 증상으로 중환자실에 입원
하고 타병원 전원되어 항생제 치료를 받았으나 복막염으로 인한 패혈증, 다 장기 기
능부전으로 사망한 사건이다[대구지방법원 포항지원 2013. 5. 24. 선고 2011가합738 판결].
이 사건의 자세한 경과는 다음과 같다.

날짜	시간	사건 개요
2010. 9. 8.		• 복부지방흡입 및 얼굴지방이식에 관해 상담하기 위해 의원 내원(환자 여자. 사고 당시 57세)
		• 혈액 정밀검사 상 모두 정상 범위 내인 것을 확인
2010. 9. 10.		• 수술동의서 작성
2010. 9. 14	11 : 00	• 피고 C로부터 복부지방흡입 및 얼굴지방이식술 받음
	14 : 00	• 수술 종료

날짜	시간	사건 개요
2010. 9. 14	16 : 30	• 환자는 구토 및 복통 호소하였으나 피고 C는 퇴원 지시함
2010. 9. 15.		• 의원에서 통원치료 시작
2010. 9. 17.		• 혈액 정밀검사 상 적혈구 수치 등이 모두 정상 범위보다 낮았음에도 별 조치를 취하지 않음
2010. 9. 19.		• 통원치료 종료
		• F병원으로 전원 후 중환자실 입원 • 당시 낮은 혈압, 호흡곤란, 복부팽만, 다발성 멍 및 점출혈, 백혈구 수치 증가 등의 증상 보임 • F병원에서 흉부CT 검사 상 기복증 소견보임
		• 피고C는 환자가 호흡곤란, 심계항진, 고혈당 외 전반적으로 회복 안 된 다는 내용의 전원의뢰서를 작성함
2010. 9. 25		• F병원에서 항생제 투여받았으나 증상 악화됨 • F병원은 복막염이라는 추정진단 내림
2010. 9. 28		• 복부, 골반 CT검사 상 범발성 복막염 진단 내림
2010. 10. 1		• H병원으로 전원하여 응급 개복수술받음 • 수술 당시 5개의 소장천공 발견 • H병원은 환자에 대해 수술 후 외상성 소장천공 진단내림
2010. 10. 12.		• H병원에서 추가 소장절제술 받음
2010. 11. 1.		• 복막염으로 인한 패혈증, 다 장기 기능부전으로 사망

2. 사건에 대한 판단요지(주장과 판단)

가. 피고 C의 이 사건 시술 중의 과실 유무: 법원 인정

(1) 법원 판단

이 사건 시술 외에는 소장 천공을 일으킬 수 있는 충격이나 사고 등의 다른 원인이 없었고, 피고 C는 시술 시 장기를 천공하지 않도록 주의해야 할 의무가 있었음에도 불구하고 이를 소홀히 하여 환자의 소장부를 5회 천공되게 한 과실이 있다.

나. 피고 C의 후속조치 과정의 과실 유무: 법원 인정

(1) 법원 판단

환자가 수술 후 구토 및 복통을 호소하였으나 복벽천공 및 복막염과 관련된 검사를 하지 않았고 수술 3일 후 한차례 실시한 혈액정밀검사에서 수치가 수술 전보다 낮아졌으나 이를 추가확인하기 위한 조치를 전혀 취하지 않았으며, 환자가 순조로운 회복 경과를 보이지 아니하였고 피고 의원에서 추가 검사가 곤란하다면 상급병원으로 지체 없이 전원시켰어야 함에도 이를 게을리 하여 병증을 악화시킨 과실이 있다.

다. 피고 C의 설명의무 위반 여부: 법원 인정

(1) 법원 판단

피고 C는 환자로부터 수술동의서를 받았으나 수술로 인해 예상되는 위험발생 가능성에 관하여 구체적으로 설명했다고 인정하기 부족하고 이를 달리 인정할 증거가 없으므로 설명의무를 위반한 과실이 있다.

라. 피고병원 의료진의 진단 및 처치 상의 과실여부: 법원 인정

(1) 법원 판단

F병원 전원 당시 복무팽만, 장음감소, 백혈구 증가, 아밀라아제 증가 증상 및 흉부CT검사에서 기복증 소견이 보였음에도 장천공 및 복막염을 확인하지 않고 피고 C의 장기 내 손상은 전혀 없었다는 주장만 만연히 믿었으며, 전원 6일 후에야 복막염을 추정진단하고 그로부터 3일 후에야 복부CT검사를 실시했음에도 소장천공을 발견하지 못하여 수술 적기를 놓치고 환자의 병증을 악화시킨 과실이 있다.

3. 손해배상범위 및 책임제한

가. 의료인 측의 손해배상책임 범위: 90% 제한

나. 제한 이유

(1) 이 사건시술은 치료 목적이 아닌 성형 목적의 시술로서 반드시 필요한 것이

아니었던 점

　(2) 환자는 피고 C가 성형 전문의가 아닌 사실을 알았거나, 이에 대한 조사를 게을리한 채 수술을 받은 점

다. 손해배상책임의 범위

　(1) 청구금액: 145,746,857원(원고 A[1] 90,648,114원 + 원고 B[2] 55,098,743원)
　(2) 인용금액: 106,710,752원
　　① 재산상 손해: 58,710,752원(= 65,234,170원 × 90%)
　　　- 일실수입: 39,880,265원
　　　- 기왕치료비: 22,353,905원
　　　- 장례비: 3,000,000원
　　② 위자료: 48,000,0000원
　　　- 환자: 30,000,000원
　　　- 원고 A: 10,000,000원
　　　- 원고 B: 8,000,000원

4. 사건 원인분석

　환자는 복부지방흡입과 얼굴 지방이식을 위해 내원하였고, 수술 종료 후 구토 및 복통을 호소하였으나 의사는 퇴원을 지시하였다. 다음날부터 통원치료를 시작하였고, 혈액검사 결과 적혈구 수치 등이 정상범위보다 낮았음에도 별다른 조치를 취하지 않았다. 이후 타병원 중환자실에 입원하여 치료를 받았으나 악화되어 또 다른 병원으로 전원되어 응급 개복수술을 받았으나 환자는 사망하였다.

　이 사건에서는 수술 중 환자의 장기를 천공시킨 기술적 과실, 환자가 이상증세를 호소하였음에도 퇴원을 지시한 점, 수술 후 검사결과에 대한 추가 조치 미시행, 환자의 상태 변화에도 불구하고 상급병원 전원이 지체된 점 등이 원인으로 분석되었다. 또한 자문위원들은 비성형외과 전문의에게 수술을 받은 점도 문제점으로 지적하였다.

---

1) 사망한 환자의 남편.
2) 사망한 환자의 아들.

〈표 15〉 원인분석

분석의 수준	질문	조사결과
왜 일어났는가? (사건이 일어났을 때의 과정 또는 활동)	전체 과정에서 그 단계는 무엇인가?	− 수술 설명 단계 − 수술 단계 − 수술 후 경과 관찰 단계 − 전원 단계
가장 근접한 요인은 무엇이었는가? (인적 요인, 시스템 요인)	어떤 인적 요인이 결과에 관련 있는가?	• 환자 측 − 비전문의에게 수술을 받음 • 의료인 측 − 설명 미흡 − 수술 중 장기 천공(기술적 과실) − 적절하지 않은 퇴원 지시 − 수술 후 검사 결과에 대한 추가 조치 미시행 − 전원 지체 − 정확한 진단 및 처치 미시행
	시스템은 어떻게 결과에 영향을 끼쳤는가?	• 의료기관 측 − 전원 받은 병원의 환자 사정 및 처치 소홀

5. 재발방지 대책

〈그림 15〉 판례 15 원인별 재발방지 사항

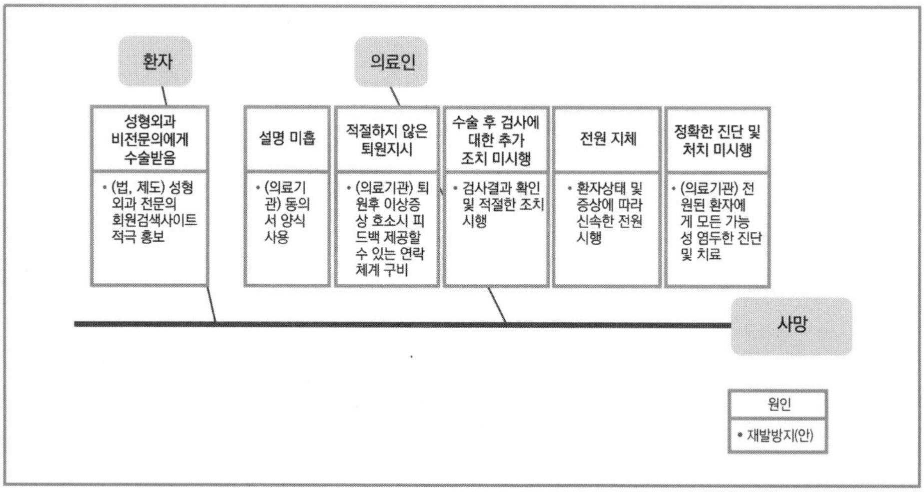

(1) 의료인의 행위에 대한 검토사항

수술의 내용 및 후유증에 대해 자세한 설명을 시행하여야 한다. 수술 후 환자 상태를 철저하게 관찰하여야 하며, 이상증세 호소 시 원인을 파악하기 위한 검사를 실시하고 그에 따른 적절한 조치를 시행하여야 한다. 또한 환자 상태 및 증상에 따라 전원이 필요할 경우 지체 없이 시행하여야 하며, 퇴원의 경우에는 환자 상태에 따른 적절한 퇴원 지시가 이루어져야 한다.

(2) 의료기관의 운영체계에 대한 검토사항

의료기관에서는 수술에 대한 자세한 설명 및 환자의 이해를 돕기 위한 동의서 양식을 사용하여야 한다. 환자가 퇴원하고 난 후 이상증상을 호소하게 될 시 즉각적으로 피드백을 제공할 수 있는 연락체계를 구비하고, 전원과 관련하여서는 전원을 받은 병원의 경우 전원된 환자를 모든 가능성을 열어두고 진단 및 치료를 시행하여야 한다.

(3) 학회·직능단체 차원의 검토사항

성형외과 학계에서는 현재 운영 중인 성형외과전문의 회원 검색 사이트에 대한 홍보 등을 더욱 적극적으로 시행하여야 한다.

판례 16. 복부지방흡입술, 유방확대술, 사각턱수술, 쌍꺼풀 수술 등을 받은 뒤 부작용이 발생한 사건_서울중앙지방법원 2010. 7. 6. 선고 2010가합39265 판결

1. 사건의 개요

환자는 피고로부터 복부지방흡입술, 유방확대술, 광대뼈축소술, 얼굴주름수술, 쌍꺼풀수술, 사각턱수술, 코수술, 코바닥융기술, 얼굴과 종아리 보톡스 주입 등을 받았다. 이후 좌측유방 감각소실, 탈모현상, 얼굴에 비정상적인 주름 형성 등의 부작용이 발생한 사건이다[서울중앙지방법원 2010. 7. 6. 선고 2010가합39265 판결]. 이 사건의 자세한 경과는 다음과 같다.

날짜	사건 개요
2005. 2. 20.	• 피고로부터 성형수술에 관한 상담받고 복부지방흡입술, 유방확대술, 광대뼈축소술, 얼굴주름수술, 쌍꺼풀수술, 사각턱수술, 코수술, 코바닥융기술, 얼굴과 종아리 보톡스 주입 등을 받기로 함(환자 여자)
2005. 2. 23.	• 시술비 5,000,000원 지급
2005. 2. 26.	• 시술비 16,000,000원 지급
	• 1차시술받음(복부지방흡입술, 유방확대술, 광대뼈축소술, 사각턱수술, 안면주름수술)
2005. 4. 26.	• 2차시술받음(복부지방흡입술, 코수술, 코바닥융기술, 쌍꺼풀수술)
2005. 5. 6.	• ○○성형외과에서 ① 복부지방흡입술 후 복부 및 허리의 비정상적 피부주름형성 및 피부면 변형, ② 유방확대술 후 부자연스러운 모양, ③ 광대뼈축소술 후 탈모현상, ④ 얼굴주름수술 후 얼굴에 비정상적인 주름 형성, ⑤ 쌍꺼풀수술 후 절개선이 외측으로 지나치게 형성되었다는 진단을 받음
2005. 11. 18	• △△대학교 의과대학병원에서 유방확대술 후 좌측유방 1/2−2/3 가량 감각소실 진단받음

2. 사건에 대한 판단요지(주장과 판단)

가. 이 사건 시술상의 과실 여부: 법원 인정

(1) 법원 판단

피고는 복부 지방흡입 수술 시 피부 손상이 일어나지 않도록 적정한 피하 지방층에서 적절한 양의 지방을 제거하고, 유방보형물 삽입 시 감각신경이 손상되지 않도록 박리를 한 후 유방보형물이 유방의 피부조직과 피하조직 아래 적정한 위치에 삽입하여야 하고, 광대뼈 축소수술 및 얼굴 주름살 성형 수술시 피부면이 장력을 받지 않도록 피하 및 피부 봉합을 하되 피부 바깥쪽에서 실이 만져지지 않도록 매듭을 하여야 할 업무상 주의의무가 있음에도 이를 게을리 하여 환자에게 시술 이후 4년 이상이 지난 이후에도 여러 부작용을 남게 하였으므로 이 사건 시술상의 과실이 있다.

3. 손해배상범위 및 책임제한

가. 의료인 측의 손해배상책임 범위: 80% 제한

나. 제한 이유

(1) 환자가 얼굴, 유방, 복부 등 많은 부위의 성형수술을 한꺼번에 단기간에 받은 점

(2) 환자의 나이, 건강상태, 신체적 특성도 이 사건 시술로 인한 손해 발생 및 확대의 한 원인이 되었을 것으로 추정되는 점

(3) 미용목적 성형수술의 경우 통상의 의료행위와 달리 수술 후 상태가 환자의 주관적 기대치와 다른 경우가 흔히 있을 수 있는 점

다. 손해배상책임의 범위

(1) 청구금액: 755,364,185원

(2) 인용금액: 78,483,210원

① 재산상 손해: 68,483,210원(=85,604,013원×80%)

— 일실소득: 20,590,724원

— 향후치료비: 44,013,289원

— 이 사건 시술비: 21,000,000원

② 위자료: 10,000,000원

4. 사건 원인분석

환자는 피고로부터 2차례에 걸쳐 복부지방흡입술, 유방확대술, 광대뼈축소술, 얼굴주름수술, 쌍꺼풀수술, 사각턱수술, 코수술, 코바닥융기술, 얼굴과 종아리 보톡스 주입 등의 수술을 받았다. 환자는 수술 후 복부 및 허리의 비정상적 피부주름형성 및 피부면 변형, 유방의 부자연스러운 모양, 탈모현상, 얼굴에 비정상적인 주름 형성, 쌍 꺼풀 절개선이 외측으로 지나치게 형성됨, 좌측 유방의 1/2~2/3 가량 감각소실 등의 부작용을 호소하고 있다. 이 사건과 관련하여 자문위원들은 의사의 수술 술기 문제를 지적하였다.

〈표 16〉 원인분석

분석의 수준	질문	조사결과
왜 일어났는가? (사건이 일어났을 때의 과정 또는 활동)	전체 과정에서 그 단계는 무엇인가?	–수술 단계
가장 근접한 요인은 무엇이었는가? (인적 요인, 시스템 요인)	어떤 인적 요인이 결과에 관련 있는가?	• 환자 측 – (추정) 나이, 건강상태 • 의료인 측 – 수술 술기의 문제
	시스템은 어떻게 결과에 영향을 끼쳤는가?	

5. 재발방지 대책

〈그림 16〉 판례 16 원인별 재발방지 사항

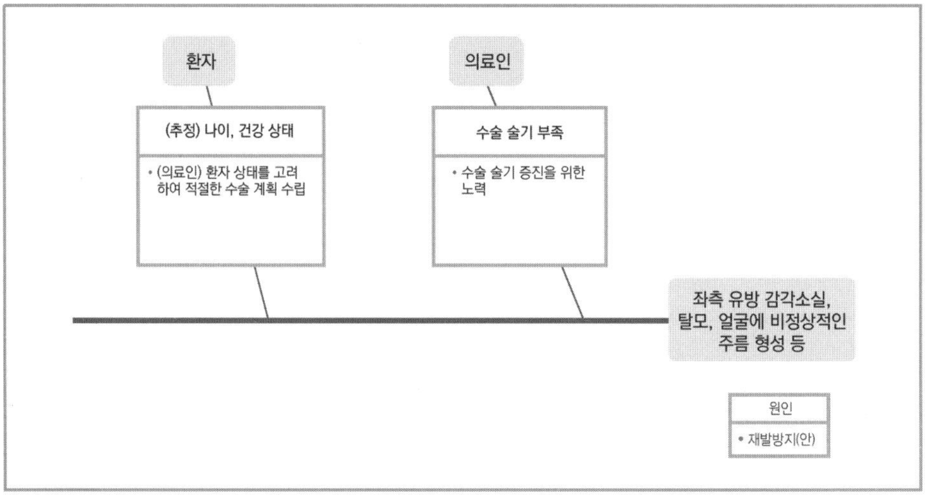

(1) 의료인의 행위에 대한 검토사항

수술을 계획할 시 환자의 상태를 고려하여 적절하게 계획을 수립하여야 한다.
또한 개별 의료인들은 수술 술기를 습득하기 위한 노력을 기울여야 한다.

판례 17. 복부지방흡입술 시 주의의무 위반으로 인하여 환자의 복벽 및 소장이 천공되어 사망한 사건_서울고등법원 2015. 7. 23. 선고 2014나2010777 판결

1. 사건의 개요

복부지방흡입술 이후 복부팽만, 호흡곤란 증상으로 타병원으로 전원되어 천공된 소장 봉합술 및 소장 부분 절제술을 시행하였다. 그러나 급성호흡부전증후군, 패혈증 증세를 보여 중환자실 치료하였으나 회복되지 못하고 사망하게 된 사건이다[서울중앙 지방법원 2014. 2. 21. 선고 2012가합507373 판결, 서울고등법원 2015. 7. 23. 선고 2014나 2010777 판결]. 이 사건의 자세한 경과는 다음과 같다.

날짜	시간	사건 개요
2012. 1. 18		• 환자는 복부지방흡입술 상담받고자 피고의원 방문(환자 남자. 사고 당시 45세)
		• 복부지방흡입술 시행
		• 피고는 해열진통소염제와 항생제를 포함하여 7일간 복용할 약물 처방함
2012. 1. 21		• 환자, 복통호소하며 피고의원 내원 • 의료진은 수술부위 소독하고 항생제 크라목신 정맥주사 후 귀가시킴
		• 환자, 심한 복통호소하며 피고의원 다시 내원 • 의료진은 수술부위 소독하고 크라목신 정맥주사한 후 추가로 해열진통소염제인 케토신 근육주사하고 귀가시킴
2012. 1. 22		• 환자, 피고의원에 전화하여 복부팽만증상 호소하며 복부 x선 촬영검사 요청하며 전날 복대를 풀었다고 함 • 의료진은 복대압박의 중요성을 설명한 뒤 상태악화되면 다시 연락하라고 함
2012. 1. 23	04 : 52	• 호흡곤란증상까지 오자 세브란스병원 응급실 내원 • 당시 혈압 및 맥박수 증가, 저체온상태였음
	05 : 16	• 복부CT검사에서 소장폐색, 소장 천공 소견 확인 후 범발성 복막염으로 진단

날짜	시간	사건 개요
2012. 1. 23	07 : 15	• 비위관 삽입하여 배액 시행
	08 : 00	• 비위관 통해 약 150ml 배액
	09 : 59	• 복부CT검사 재실시 결과 복강내 free air 추가발견
	13 : 00	• 비위관 통해 약 1,600ml 배약
	13 : 10	• 수술실 이동
	13 : 25	• 비위관 흡인 2차례 실시하였으나 많은 양 배액안됨
	13 : 35	• 기도삽관 시행. 당시 위 내용물 200cc 가량 구토
	13 : 40	• 기도삽관 후 흡인시 소량의 위 내용물 흡인됨
	14 : 21	• 천공된 소장 봉합술 및 소장 부분 절제술 시작 • 복강경으로 수술 시도하였으나 소장팽창으로 시야 확보되지 않아 개복술 시행
	17 : 54	• 수술 종료
2012. 1. 28	14 : 20	• 수술 후 급성호흡부전증후군, 패혈증 증세를 보여 중환자실 치료하였으나 회복되지 못하고 사망

2. 사건에 대한 판단요지(주장과 판단)

가. 이 사건 시술 상 과실 및 인과관계 존부: 법원 인정

(1) 원고 측 주장

피고는 이 사건 시술을 함에 있어 복벽이나 장에 천공이 발생하지 않도록 할 주의의무가 있음에도 지방흡입술 시술도구인 캐뉼러를 과도하게 조작하는 등의 잘못으로 환자의 복벽 및 소장을 천공시킨 과실이 있다고 주장한다.

(2) 법원 판단

환자에게 수술 전 다른 증상 및 기왕증이 없었던 점, 복부지방흡입술은 장기 천공 합병증을 유발할 수 있는 점, 소장이 천공되면 복막염이 발생할 수 있고 그 증상으로 복통이 나타날 수 있다는 점, 환자는 수술 후 진통제를 복용했음에도 복통을 호소하였고 세브란스 내원 직후 실시한 복부CT검사 상 소장폐색, 소장천공 및 free air

추가로 발견된 점, 개복술 당시 이미 소장이 팽창되어 있었고 매우 약해져 있었으며 소장천공과 회장 허혈성 변화가 관찰된 점 등을 볼 때 환자의 소장 천공 및 이로 인한 복막염 증세는 피고가 복부지방흡입수술 당시 주의의무를 소홀히 하여 환자의 복벽 및 소장을 천공함으로써 초래된 것으로 추정할 수밖에 없다.

나. 경과관찰 및 전원조치 해태 여부: 법원 불인정

(1) 원고 측 주장

피고는 이 사건 시술 후 환자의 복통 등 증상이 지속되었으므로 복벽 및 장 천공의 위험성을 의심하고 추가 검사 등을 시행하며 상급병원에서 보다 더 적정한 치료를 받을 수 있도록 전원을 권고하였어야 함에도 이를 소홀히 한 과실이 있다고 주장한다.

(2) 법원 판단

진료기록감정 촉탁결과에 따르면 환자의 증상은 비특이적인 것이어서 피고의원 의료진은 지방흡입술 후 통상적으로 나타나는 통증과 구별이 어려웠을 것으로 보이는 점, 수술 당시 소장이 천공되었으나 그 증상은 서서히 발현된 것으로 볼 수도 있는 점 등을 보면 환자의 복부 통증에 대해 추가 정밀검사를 하지 않은 데에 과실이 있다거나 전원조치를 게을리 했다고 인정하기 어렵고 이를 달리 인정할 증거가 없다.

다. 설명의무 위반 여부: 법원 인정

(1) 원고 측 주장

피고는 이 사건 시술에 앞서 환자에게 진단내용, 치료방법 및 그 장단점, 이 사건 시술로 인한 합병증, 후유증 등에 대하여 충분한 설명을 하지 않은 과실이 있다.

(2) 법원 판단

피고 및 피고의원 의료진이 수술 전 환자에게 시술의 내용, 합병증 내지 후유증 등에 대해 설명한 사실을 인정할 아무 증거가 없으므로 피고는 설명의무를 위반하여 환자의 자기결정권을 침해하였다고 볼 수 있다. 그러나 이와 환자의 사망 사이에 상당인과관계가 있다고 보기는 어려우므로, 자기결정권 침해를 이유로 손해를 구하는 원고들의 주장은 이유가 없다.

3. 손해배상범위 및 책임제한

가. 의료인 측의 손해배상책임 범위: 60% 제한

나. 제한 이유

(1) 환자가 이 사건 시술을 받게 된 경위와 시술 내용, 이 사건 시술의 난이도 및 위험성 등

(2) 세브란스병원에서 치료를 받는 과정에서 환자의 상태가 통상적인 경과를 넘어 급격히 악화되었다고 볼 여지가 있는 점

다. 손해배상책임의 범위

(1) 청구금액: 806,415,462원(원고 A와 B3) 각 403,207,731원)

(2) 인용금액: 448,646,225원

    ① 재산상 손해: 398,646,225원(=664,410,375원×60%)

      − 일실수입: 655,039,180원

      − 기왕치료비: 6,371,195원

      − 장례비: 3,000,000원

    ② 위자료: 50,000,000원

      − 환자: 30,000,000원

      − 원고 A: 10,000,000원

      − 원고 B: 10,000,000원

4. 사건 원인분석

환자는 복부지방흡입술을 위해 내원하였고 피고는 당일 수술을 시행하였다. 며칠 후 환자는 복통을 호소하며 내원하였고 소독과 항생제 투약 후 귀가시켰다. 이후

---

3) 환자의 자녀들.

에도 환자는 복통을 호소하며 병원에 연락을 하였고, 결국 호흡곤란증상이 발생하여 타병원 응급실에 내원하였다. 응급실에서 검사를 시행한 결과 소장폐색과 소장 천공 소견이 확인되어 응급조치 및 수술을 시행하였다. 수술 후 중환자실에서 치료하였으나 회복되지 못하고 사망하였다. 법원은 수술 당시 피고가 주의의무를 소홀히 하여 복벽 및 소장을 천공한 과실과 시술에 앞서 환자에게 시술의 내용, 합병증 등을 설명하지 않아 자기결정권을 침해하였다고 판단하였다. 자문위원들은 환자가 이상증세를 호소하였을 때 적절한 조치가 이루어지지 않은 것을 문제점으로 지적하였다. 또한 환자가 병원에 전화하여 이상증상을 호소하면서 문의하였을 때 해당 내용이 담당의사에게 정확하게 전달이 되고 적절한 조치가 취해졌는지 여부를 알 수 없다고 하였다.

〈표 17〉 원인분석

분석의 수준	질문	조사결과
왜 일어났는가? (사건이 일어났을 때의 과정 또는 활동)	전체 과정에서 그 단계는 무엇인가?	－수술 설명 단계 －수술 단계 －수술 후 경과관찰 단계 －전원 단계
가장 근접한 요인은 무엇이었는가? (인적 요인, 시스템 요인)	어떤 인적 요인이 결과에 관련 있는가?	•의료인 측 －수술 시 복벽 및 소장 천공(기술적 과실) －설명 미흡 －이상증세 호소 시 적절한 조치 미시행(심한 복통 및 복부팽만증상 호소하였음)
	시스템은 어떻게 결과에 영향을 끼쳤는가?	•의료기관 내 －(추정) 보고체계 미흡(환자가 피고의원에 전화하여 이상증상을 호소하였으나 담당의사에게 정확히 전달되고 조치를 취한 것인지 여부를 알 수 없음)

5. 재발방지 대책

〈그림 17〉 판례 17 원인별 재발방지 사항

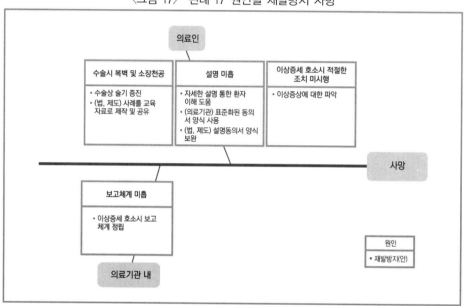

(1) 의료인의 행위에 대한 검토사항

수술 중 복벽 및 소장이 천공된 것과 관련하여 의료인의 수술 상 술기 증진이 필요하다. 또한 환자가 수술 후 통증을 호소하는 경우 단순 복통이 아닐 수 있음을 의심해야 하며, 수술 후 경과관찰 및 통증과 같은 이상증상 호소 시 원인을 파악하는 것이 필요하다. 또한 환자 상태나 증세에 따라 지체 없이 전원을 시행해야 한다. 그리고 수술 내용 및 후유증에 대한 자세한 설명을 시행하여 수술에 대한 환자의 이해를 도와야 한다.

(2) 의료기관의 운영체계에 대한 검토사항

기관 차원에서 수술에 대한 자세한 설명과 환자의 이해를 돕기 위한 표준화된 동의서 양식을 사용하도록 지원하여야 한다. 동의서와 관련하여 수술 후 통증은 당연하다고 설명하기보다 통증의 양상에 따라 다른 문제가 발생될 수 있음을 인지할 수 있도록 동의서를 구성하고 설명하도록 교육하여야 한다. 그리고 이상증세를 호소하

는 전화 또는 인터넷 상담에 대한 보고체계를 정립하는 것이 필요하다.[4]

(3) 학회·직능단체 차원의 검토사항

현재 학회 등에서 제공하고 있는 표준화된 설명 동의서의 양식 보완이 필요하다. 의료인 교육자료와 관련하여 해당 사례 등을 교육자료로 개발하고 활용할 수 있을 것이다. 특히 해당 사례에서 환자의 예후를 보았을 때 환자의 증상이 일반적인 단순 복통과 달랐을 것으로 생각된다. 구별했어야 하는 증상을 구별하지 못해 악결과가 발생한 사례를 자료로 제작 및 공유하여 환자의 증상호소를 중요하게 생각할 수 있도록 교육해야 한다.

---

4) 전화 또는 인터넷으로 수술 후 상태를 상담하는 경우, 이에 대한 정확한 환자 상태 파악 및 조치를 시행하는 것이 필요할 것으로 생각됨.

┃ **참고자료** ┃ 대한성형외과학회 지방흡입 수술 동의서

지방흡입 수술 신청서

환자 _____는(은) 본인의 자유의사에 의하여
지방흡입술 및 이에 부수되는 마취를 신청합니다.
본인은 상기 수술의 방법과 수술에 의한 부작용 및 합병증에 대하여 충분한 설명과 질문의
기회를 가졌습니다.

부작용 및 합병증 ;

1. 복강 내 지방 축적으로 복부가 나온 경우는 호전되지 않음.
2. 피부의 긴장도 및 탄력도 그리고 피하지방량, 근육의 처진 정도에 따라 수술 후 피부면이
   불규칙 해질 수 있는데 이는 피부상태에 따라 6개월 내지 1년 후에 지방흡입술 또는 지
   방이식이 필요할 수 있음.
3. 많이 늘어진 피부는 6개월 내지 1년 후에 피부절제술이 필요할 수 있음.
4. 일시적인 감각이상이 올 수 있으며, 영구적으로 피부색깔이 변할 수 있음.
5. 수술 후 특정부위에 괴사가 생길 수 있음.
   (특히 흡연자, 당뇨병자, 면역결핍자, 고령자 등 상처회복에 지연의 소지가 있는 분에게
   선 발생 가능성 높음.)
6. 절개부위의 흉터가 보기 싫거나 커질 수 있음.
7. 하지부위의 수술인 경우 하지의 부종이 오래갈 수 있음.
8. 비대칭, 감염, 혈종 통증, 폐색전증 등이 올 수 있음.

저는 시술 전·후 사진을 찍는데 동의합니다.

환자 또는 보호자 : 서명 _____ 날짜 _____ 년 __ 월 __ 일

증   인 : 서명 _____ 날짜 _____ 년 __ 월 __ 일

판례 18. 자가 지방 눈꺼풀 이식술 이후 흡입부위 괴사_서울중앙지방법원 2013. 3. 29. 선고 2012나34398 판결

1. 사건의 개요

자가 지방 눈꺼풀 이식술을 받기 위해 복부 및 허벅지 안쪽 지방흡입술 시행하였다. 이후 피부괴사, 염증과 탈수, 저혈압 증세를 보인 사건이다[서울중앙지방법원 2012. 6. 27. 선고 2010가단323277 판결, 서울중앙지방법원 2013. 3. 29. 선고 2012나34398 판결]. 이 사건의 자세한 경과는 다음과 같다.

날짜	사건 개요
2009. 11. 20.	• F병원 방문하여 자가지방 눈꺼풀 이식 시술을 받기로 함 • 복부지방 흡입시 지방이 잘 나오지 않자 허벅지 안쪽 윗부위에서 5cc 지방을 흡입 • 이를 원심 분리 후 좌우 윗눈꺼풀에 각 1.2cc 자가지방이식 시술함
2009. 11. 21.	• 피고는 환자의 하복부 및 좌측 대퇴부에 광범위한 피부 및 연조직 괴사 발견 • 곧바로 ○대학교병원으로 전원함
	• 전원 당시 피부괴사, 염증과 탈수, 저혈압 증세를 보임 • ○대학교병원에 입원하여 괴사조직 절제술 및 피부이식술 받음
2010. 2. 14.	• ○대학교병원 퇴원
2010. 10. 25	• 퇴원 후 2010. 10. 25.까지 ○대학교병원 통원치료 받음

2. 사건에 대한 판단요지(주장과 판단)

가. 이 사건 시술 상의 과실 여부: 법원 인정

(1) 원고 측 주장

시술 직후 이 사건의 악결과가 발생했으므로 다른 요인이 개입될 가능성이 없으므로 피고에게 시술상 과실이 있다고 주장한다.

(2) 법원 판단

시술한지 하루 만에 광범위한 부위에 괴사가 발생했는데 이는 적절한 지방흡입과 주입술에서 통상적으로 발생하는 합병증이 아니라는 점, 피부 괴사 원인은 다양하나 이 사건과 같이 소량의 지방채취를 목적으로 한 시술의 경우 괴사를 일으키는 경우가 매우 드물고 원고에게 기왕증이 없었던 것으로 보이며 이 사건 시술방법의 선택, 마취방법 및 용액의 선정에는 별다른 문제가 없었던 점, 피고가 시술 당시 수술기구 등에 대하여 무균조치를 하였음을 인정할 자료가 없다는 점 등에 비추어, 피고는 시술과정에서 세균감염 예방을 위한 조치를 소홀히 한 과실로 인해 환자에게 악결과가 발생하였다고 보는 것이 타당하다.

3. 손해배상범위 및 책임제한

가. 의료인 측의 손해배상책임 범위: 70% 제한

나. 제한 이유

(1) 이 사건 시술방법의 선택, 마취방법 및 용액 선정에 관해 피고의 과실을 찾기 어려운 점

(2) 일반적으로 지방흡입술은 괴사 등 부작용이 발생할 확률이 존재하고 환자의 체질적 요인이나 건강상태 등이 염증을 악화시켰을 가능성을 완전히 배제할 수 없는 점

(3) 피고는 환자에게 괴사가 발생하였음을 발견한 직후 ○대학교병원으로 전원하고 환자를 위해 치료비 등을 부담한 점

다. 손해배상책임의 범위

(1) 청구금액: 79,447,078원(원고 A(환자) 64,447,078원＋원고 B[5] 10,000,000원
　　　＋원고 C[6] 5,000,000원)

---

5) 원고 A(환자)의 남편.
6) 원고 A(환자), 원고 B의 아들.

(2) 인용금액: 11,280,249원

  ① 재산상 손해: −11,719,751(=22,549,078원×70%−27,504,105원)

    − 기왕치료비: 11,447,078원

    − 향후치료비: 11,102,000원

    − 공제: 27,504,105원(피고가 기 지급한 환자의 치료비 및 손해배상금)

  ② 위자료: 23,000,000원

    − 환자(원고 A): 20,000,000원

    − 원고 B: 2,000,000원

    − 원고 C: 1,000,000원

4. 사건 원인분석

환자의 주장 및 법원의 판단과 같이 시술 직후 악결과가 발생하였으며, 하루 만에 광범위한 부위에 괴사가 발생하는 것은 통상적인 합병증이 아니다. 더불어 시술방법 및 마취에는 별다른 문제가 없었던 반면 시술 당시 수술기구 등에 대하여 무균조치를 하였다는 자료는 확인할 수 없었다. 시술과정에서 세균감염 예방을 위한 조치를 소홀히 한 과실이 있다.

〈표 18〉 원인분석

분석의 수준	질문	조사결과
왜 일어났는가? (사건이 일어났을 때의 과정 또는 활동)	전체 과정에서 그 단계는 무엇인가?	− 시술 단계
가장 근접한 요인은 무엇이었는가? (인적 요인, 시스템 요인)	어떤 인적 요인이 결과에 관련 있는가?	• 의료인 측 − 감염 관리 소홀(시술 당시 수술기구 등에 대하여 무균조치를 하였음을 인정할 자료가 없음)
	시스템은 어떻게 결과에 영향을 끼쳤는가?	

5. 재발방지 대책

〈그림 18〉　판례 18 원인별 재발방지 사항

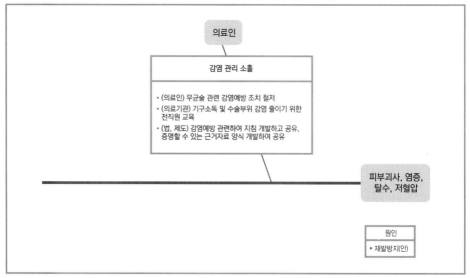

(1) 의료인의 행위에 대한 검토사항

수술 기구에 대한 무균조치 등 시술 시 감염예방을 위한 조치를 철저하게 지켜야 한다.

(2) 의료기관의 운영체계에 대한 검토사항

철저한 기구 소독 및 수술 부위 감염을 줄이기 위한 전직원 교육이 필요하다.

(3) 학회·직능단체 차원의 검토사항

자체적으로 지침 개발이 어려운 기관들을 위해 기관 내에서 적극적인 감염 예방 활동을 시행할 수 있도록 감염 예방과 관련하여 지침을 개발하고 공유하여야 한다. 또한 감염 예방을 위해 수술기구를 철저히 관리했음을 증명할 수 있는 근거자료 양식을 개발하여 공유하여야 한다.

┃참고자료┃ 대한성형외과학회 성형외과 환자 안전관리 지표 중 '4. 감염 예방'

4. 감염 예방

1) 손을 씻어야 하는 경우
    1) 환자접촉전
    2) 무균시술 시행전
    3) 체액 노출 위험이 있을 때
    4) 환자 접촉후
    5) 침상 주변을 만지고 난 후

2) 감염성 질환자는 의무기록 및 검체에 표식을 하며 적절한 격리가 필요하다.

격리종류	해당질환	격리방법
혈액(blood borne) 격리	HBV, HCV, HIV	standard precaution
접촉(contact) 격리	VRE	standard precaution + 일회용 장갑, 일회용가운 착용
공기(air) 격리	TB, 수두, 홍역	standard precaution + 1인실 격리, 마스크착용

3) 병원의 전 직원은 매년 겨울이 오기 전에 인플루엔자 예방접종을 해야 한다.
4) 주사바늘에 찔리는 것을 예방하기 위해서 사용한 주사바늘은 recapping하지 않고 바늘통에 바로 버린다.
5) 혈액 및 체액을 엎질렀을 때 조치사항: spill kit을 비치하여 처리한다.
6) 예방적 항생제는 피부 절개 전 1시간 이내 투여를 원칙으로 한다.
7) 수술의 경중에 관계없이 모든 수술에서 의료진은 마스크와 보안경을 착용한다.
8) 수술기구를 멸균 소독 시에는 항상 멸균감지테이프를 사용하여 멸균 여부를 눈으로 확인할 수 있게 하고, 한 달에 한 번 이상 미생물 배양검사를 시행한다.

판례 19. 지방흡입술 후 감염이 발생하여 함몰 및 변형이 남게 된 사건_대구고등법원 2016. 2. 3. 선고 2015나565 판결

1. 사건의 개요

몸통과 엉덩이부위에 지방흡입술을 받은 후 몸통과 엉덩이, 복부에 함몰이 생긴 사건이다[대구지방법원 2015. 1. 9. 선고 2013가합860 판결, 대구고등법원 2016. 2. 3. 선고 2015다565 판결]. 이 사건의 자세한 경과는 다음과 같다.

날짜	사건 개요
2009. 11. 28	• 피고의원에 내원하여 피고에게 복부지방흡입술 상담받음
2009. 12. 12	• 간호조무사 D로부터 수술에 관한 설명 듣고 수술동의서 작성함
	• 피고로부터 몸통과 엉덩이부위 지방흡입술 받음
	• 수술비로 3,500,000원 지급
2009. 12. 13.	• 피고의원에서 항생제 혈관주사
2009. 12. 17	• E의원에서 수술부위 소독하고 항생제 주사 맞음
2009. 12. 21.	• 피고의원에서 드레싱, 실밥 풀고 마사지 받음. 내복약 처방
2010. 1. 16.	• 피고의원에서 항생제 혈관주사, 항생제 주사
2010. 1. 18.	• 피고의원에서 왼쪽 상복부 고름빼냄, 절개 및 배농술, 혈관주사, 근육주사
2010. 1. 19.	• 피고의원에서 초음파검사, 드레싱 및 항생제 주사
2010. 1. 20.	• 피고의원에서 혈관주사, 항생제, 드레싱, 프로포폴 투약
2010. 1. 21.	• 피고의원에서 혈관주사, 항생제, 드레싱, 프로포폴 투약
2010. 1. 23.	• 피고의원에서 혈관주사, 항생제, 드레싱, 프로포폴 투약
2010. 2. 4.	• E의원 내원하여 항생제 주사 맞음
	• F의원 내원하여 항생제 주사 맞음
2010. 2. 5.	• F의원 내원하여 항생제 주사 맞음
2010. 2. 7.	• 피고의원에서 각 절개 및 배농, 항생제 혈관주사, 먹는 약 처방 및 프로포폴 투약
2010. 2. 8.	• 피고의원에서 각 절개 및 배농, 항생제 혈관주사, 먹는 약 처방 및 프로포폴 투약
	• 이 후 피고의원에서의 원고의 감염증상에 대한 치료는 2012. 7. 24.까지 이루어짐
	• 현재 원고 몸통과 엉덩이, 복부에 함몰 반흔 및 변형 남아있음

2. 사건에 대한 판단요지(주장과 판단)

가. 이 사건 수술상의 과실 유무: 법원 인정

(1) 원고 측 주장

피고로부터 이 사건 수술을 받은 이후 수술부위 감염 등의 부작용을 겪게 되었으므로, 수술 과정 등에서 세균성 감염 방지에 관한 주의의무를 결한 피고의 과실이 있다고 주장한다.

(2) 법원 판단

환자는 2006년 지방흡입치료를 받은 사실이 있는데 당시 특별한 염증반응 없이 치료가 완료된 점, 이 사건 수술 전 감염과 관련된 기왕증이 없었으나 수술 후부터 감염 소견이 나타난 점, 감염증상이 나타난 후 2년 6개월에 걸쳐 여러 차례 배농 및 보존적 치료를 해온 점, 환자가 특이체질로 감염에 취약하다거나 수술 후 관리를 소홀히 했다고 볼 사정이 없는 점 등에 비추어 보면, 환자의 감염은 이 사건 수술상의 과실에 기한 것으로 추정할 수 있고 달리 피고의 과실 추정을 번복할만한 증명이 없으므로, 피고는 환자가 입은 손해를 배상할 책임이 있다.

나. 설명의무 위반 유무: 법원 인정

(1) 원고 측 주장

환자는 의사가 아닌 간호조무사로부터 이 사건 수술에 관한 설명을 들었으므로, 피고의 과실이 있다고 주장한다.

(2) 법원 판단

수술 당시 의사가 아닌 간호조무사 D가 수술에 관한 설명을 하였고, 달리 피고가 환자에게 치료의 방법 및 필요성, 부작용 등에 관하여 구체적이고 상세히 설명하였다고 인정할 증거가 없으므로 피고는 환자에게 설명의무를 다하지 않은 과실이 있다.

다. 채무불이행 여부: 법원 인정

(1) 원고 측 주장

피고는 환자와의 지방흡입술에 관한 진료계약상의 채무를 본지에 맞게 이행하지 못한 과실이 있다고 주장한다.

(2) 법원 판단

이 사건 수술로 지방이 제거되기는 하였으나 몸통과 엉덩이 및 복부에 함몰 반흔, 변형이 생겼는바, 이는 환자의 체질이나 신체적 특성에 기인하였다는 입증이 없는 이상 환자는 성형수술 목적을 달성하지 못한 피고에 대하여 진료비를 지급할 의무가 없다.

라. 피고의 소멸시효 주장: 법원 불인정

(1) 법원 판단

피고는 이 사건 수술이 2009. 12. 12.에 시행되었으므로 3년의 단기소멸시효가 완성되어 불법행위에 기한 손해배상채권이 소멸되었다고 주장하나, 피고의 의료 상 과실 및 설명의무위반으로 인해 손해가 발생하였다고 원고가 인식한 것은 수술 당일이 아니라 각종 치료가 마친 2012. 7. 24.이라고 봄이 상당하므로, 피고의 주장은 이유가 없다.

3. 손해배상범위 및 책임제한

가. 의료인 측의 손해배상책임 범위: 80% 제한

나. 제한 이유

(1) 수술부위 감염은, 수술부위 및 수술과정에서의 불충분한 무균작업, 장시간 수술부위 노출, 환자의 낮은 면역력 등 여러 가지 감염 원인이 존재하고 완전한 감염 예방이 불가능한 점.

다. 손해배상책임의 범위

(1) 청구금액: 86,954,249원

(2) 인용금액: 22,953,088원

　　① 재산상 손해: 17,953,088원(=22,441,360원×80%)

　　　　- 기지급 수술비: 3,500,000원

　　　　- 향후 치료비: 18,941,360원

　　② 위자료: 5,000,000원

4. 사건 원인분석

　　환자는 복부지방흡입술을 위해 내원하였고, 간호조무사로부터 수술에 대한 설명을 듣고 동의서를 작성하였다. 몸통과 엉덩이부위 지방흡입술을 받았고, 수술 다음 날 수술받은 의원에서 항생제 주사를 맞은 후 타의원에서 수술부위 소독 및 항생제 주사를 맞았다. 이후에는 수술받은 피고의원에서 수술부위 소독 및 항생제 주사를 맞았고, 왼쪽 상복부 고름을 빼내고 절개 및 배농술을 시행하였다. 이후에도 감염에 대

〈표 19〉 원인분석

분석의 수준	질문	조사결과
왜 일어났는가? (사건이 일어났을 때의 과정 또는 활동)	전체 과정에서 그 단계는 무엇인가?	- 수술 설명 단계 - 수술 단계 - 수술 후 경과관찰 단계
가장 근접한 요인은 무엇이었는가? (인적 요인, 시스템 요인)	어떤 인적 요인이 결과에 관련 있는가?	• 의료인 측 - 설명 미흡(간호조무사가 설명 시행함) - 수술 부위 감염 - 수술 술기 부족(무균 원칙 지키지 못함)
	시스템은 어떻게 결과에 영향을 끼쳤는가?	• 의료기관 내 - (추정) 설명에 대한 절차 미비 - 수술 기구, 수술 부위 및 수술과정에서의 불충분한 　무균작업

한 치료를 시행하였고, 환자에게는 몸통과 엉덩이, 복부 부위에 함몰 반흔 및 변형이 남아 있는 상태이다.

　이 사건에서는 간호조무사가 수술에 대한 설명을 시행한 것과 수술부위 감염과 관련하여 무균 원칙을 지키지 못한 것 등이 문제점으로 지적되었다.

5. 재발방지 대책

〈그림 19〉 판례 19 원인별 재발방지 사항

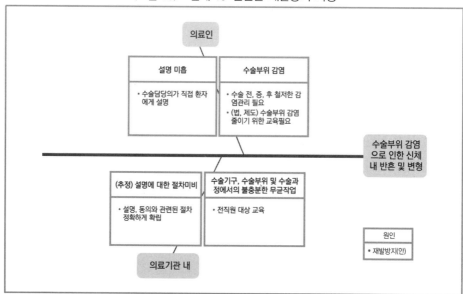

(1) 의료인의 행위에 대한 검토사항

수술을 담당할 의사가 직접 환자에게 설명을 시행하여야 한다.[7] 또한 수술 전,

---

7) 의료법 제24조의2(의료행위에 관한 설명) ① 의사·치과의사 또는 한의사는 사람의 생명 또는 신체에 중대한 위해를 발생하게 할 우려가 있는 수술, 수혈, 전신마취(이하 이 조에서 "수술등"이라 한다)를 하는 경우 제2항에 따른 사항을 환자(환자가 의사결정능력이 없는 경우 환자의 법정대리인을 말한다. 이하 이 조에서 같다)에게 설명하고 서면(전자문서를 포함한다. 이하 이 조에서 같다)으로 그 동의를 받아야 한다. 다만, 설명 및 동의 절차로 인하여 수술등이 지체되면 환자의 생명이 위험하여지거나 심신상의 중대한 장애를 가져오는 경우에는 그러하지 아니하다.
② 제1항에 따라 환자에게 설명하고 동의를 받아야 하는 사항은 다음 각 호와 같다.

중, 후 철저한 감염 관리가 이루어져야 하며, 감염 발생 시 즉각적으로 적극적인 치료를 시행하여야 한다. 또한 감염이 발생한 경우 현재의 상황과 그로 인해 발생할 수 있는 합병증 등에 대하여 환자에게 솔직하게 설명을 시행하여야 한다.

(2) 의료기관의 운영체계에 대한 검토사항

의료기관 내 설명 및 동의와 관련된 절차를 정확하게 확립하고 절차에 따라 수행할 수 있도록 하여야 한다. 철저한 기구 소독 및 수술부위 감염을 줄이기 위한 전직원 교육이 필요하다.

(3) 학회·직능단체 및 국가 차원의 검토사항

수술부위 감염을 줄이기 위한 학회 차원의 교육이 이루어져야 한다.

---

1. 환자에게 발생하거나 발생 가능한 증상의 진단명
2. 수술등의 필요성, 방법 및 내용
3. 환자에게 설명을 하는 의사, 치과의사 또는 한의사 및 수술등에 참여하는 주된 의사, 치과의사 또는 한의사의 성명
4. 수술등에 따라 전형적으로 발생이 예상되는 후유증 또는 부작용
5. 수술등 전후 환자가 준수하여야 할 사항
③ 환자는 의사, 치과의사 또는 한의사에게 제1항에 따른 동의서 사본의 발급을 요청할 수 있다. 이 경우 요청을 받은 의사, 치과의사 또는 한의사는 정당한 사유가 없으면 이를 거부하여서는 아니 된다.
④ 제1항에 따라 동의를 받은 사항 중 수술등의 방법 및 내용, 수술등에 참여한 주된 의사, 치과의사 또는 한의사가 변경된 경우에는 변경 사유와 내용을 환자에게 서면으로 알려야 한다.
⑤ 제1항 및 제4항에 따른 설명, 동의 및 고지의 방법·절차 등 필요한 사항은 대통령령으로 정한다.
[본조신설 2016. 12. 20.]

제5장

무면허 의료행위
관련 판례

무면허 의료행위 관련 판례

판례 20. 무면허의료업자가 필러삽입술을 시행한 사건_서울중앙지방법원 2014. 8. 26. 선고 2012가단74531 판결

1. 사건의 개요

무면허 시술 및 치료와 관련된 사건이다[서울중앙지방법원 2014. 8. 26. 선고 2012가단74531 판결]. 이 사건의 자세한 경과는 다음과 같다.

날짜	사건 개요
2000년경	• 원고는 무면허의료업자로부터 안면부위에 2회 필러삽입술 받음
2009년경	• 필러삽입부위 불편함 느낌 • 필러제거를 위해 스스로 트리암스라는 약물을 구입 후 주사기로 1-2회 가량 직접 얼굴에 약물 주입
2011. 11월초	• 원고는 무면허 의료업자인 피고에게 상담받음 • 피고로부터 11월 말경까지 피고의 주거지에서 5~6회에 걸쳐 필러제거술 받음 • 피고에게 시술비 60만원 지급
2011. 12. 12.	• 무면허 시술 후 시술부위에 감염(농)증상 발생 • 피고는 2011. 12. 12.~14까지, 같은 달 18.-22까지 약 8회에 걸쳐 무면허 감염부위 치료를 시행함
	• 이 사건 무면허 시술 및 치료행위 후 원고는 현재 신경외과 및 성형외과적으로 후유증상이 남아있음

2. 사건에 대한 판단요지(주장과 판단)

가. 이 사건 무면허 시술 상 과실 여부: 법원 인정

(1) 법원 판단

통상적으로 필러를 제거하는 시술방법 중 흡입술은 혈관 및 신경손상 가능성이 높으므로 상당히 주의를 요하는 점, 뾰족한 주사바늘을 이용하여 흡입술을 시행할 경우 조직의 손상과 출혈을 조장시켜 상처부위가 심하게 손상될 위험이 상당한 점, 피고는 무면허 의료업자로서 전문적인 지식 없이 원고에 대해 무리하게 필러제거술을 시행한 점 등에 비추어 보면, 이 사건 무면허 시술에는 의료상의 과실이 인정된다.

나. 이 사건 무면허 치료상 과실 여부: 법원 인정

(1) 법원 판단

통상적으로 시술부위에 감염(농) 증상이 발생할 경우에는 소독제를 도포하는 방법으로 상처부위를 소독하고 농을 제거한 후 적절한 드레싱을 하여 추가 감염을 막고 즉시 항생제를 처방해야 하는 점, 감염부위에 스테로이드 성분의 약제를 사용해서는 안 되는 점, 그러나 피고는 포비돈 소독제를 내부에 주입하는 방법으로 사용했을 뿐 아니라 스테로이드가 주성분인 약물을 사용한 점 등에 비추어 보면, 피고의 이사건 치료 상의 과실이 인정된다.

3. 손해배상범위 및 책임제한

가. 피고의 손해배상책임 범위: 50% 제한

나. 제한 이유

(1) 피고의 이 사건 무면허 시술 및 치료행위는 그 자체로 법령에 위반된 불법행위인 점

(2) 원고의 후유장해의 정도가 상당히 중한 점

(3) 피고가 무면허 의료업자임을 알고서도 시술을 의뢰하고 그 이후에도 무면허

치료를 받은 원고의 과실

(4) 이 사건 무면허 시술 당시 원고에게는 이미 이 사건 기존 무면허 시술로 인한 부작용의 가능성이 있었던 것으로 보이는 점

다. 손해배상책임의 범위

(1) 청구금액: 90,451,769원

(2) 인용금액: 40,511,025원

① 재산상 손해: 35,511,025원(＝73,021,420원×50%－1,000,000원)

－ 일실수입: 50,149,935원

－ 기왕치료비: 4,390,630원

－ 향후치료비: 18,481,485원

－ 공제: 1,000,000원(피고가 공탁한 기지급 손해배상금)

② 위자료: 5,000,000원

4. 사건 원인분석

원고는 이 사건 이전에 무면허의료업자로부터 필러삽입술을 2회 받은 적이 있었으며, 몇 년이 지난 후 필러삽입부위의 불편함을 느껴 스스로 약물을 구입한 후 얼굴에 약물을 주입하였다. 이후 무면허 의료업자인 피고에게 상담을 받았고, 피고의 주거지에서 5~6회에 걸쳐 필러제거술을 받았다. 무면허 시술 후 시술 부위에 감염증상이 발생하였고, 피고는 약 8회에 걸쳐 무면허 감염부위 치료를 시행하였다. 현재 원고는 신경외과 및 성형외과적으로 후유증상을 갖고 있다.

이 사건에서 원고는 피고가 무면허 의료업자임을 알고도 시술을 받았으며, 시술 후 감염증상이 발생하자 또다시 피고에게서 감염 치료를 받았다. 그리고 무면허 의료업자는 무리하게 필러제거술을 시행하였으며, 무면허 감염 치료를 시행하였다. 또한 원고의 증상이 악화되었음에도 불구하고 병원을 내원할 것을 권유하지 않았다. 자문위원들은 이러한 무면허 의료업자에 대한 단속이 잘 이루어지지 않는 것도 문제점으로 지적하였다.

〈표 20〉 원인분석

분석의 수준	질문	조사결과
왜 일어났는가? (사건이 일어났을 때의 과정 또는 활동)	전체 과정에서 그 단계는 무엇인가?	− 전 단계
가장 근접한 요인은 무엇이었는가? (인적 요인, 시스템 요인)	어떤 인적 요인이 결과에 관련 있는가?	• 원고 측 − 무면허 의료업자임을 알고도 시술받음 − 이전에도 무면허 시술을 받은 이력이 있음 　증상이 악화되었음에도 내원하지 않음 • 무면허 의료업자 측 − 불법으로 필러제거술을 시행함 − 무면허 감염 치료를 시행함 − 증상악화에도 불구 병원 전원을 권유하지 않음
	시스템은 어떻게 결과에 영향을 끼쳤는가?	• 법·제도 − 무면허 의료업자에 대한 단속 소홀

5. 재발방지 대책

〈그림 20〉 판례 20 원인별 재발방지 사항

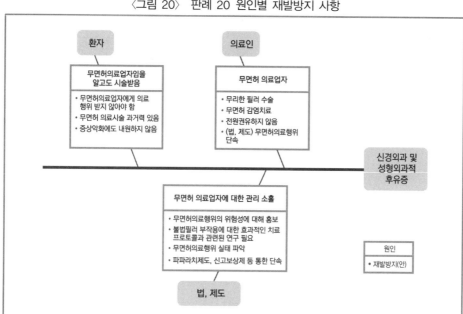

(1) 환자의 행위에 대한 검토사항

환자들은 무면허 의료업자에게 의료행위를 받지 않아야 한다.

(2) 학회·직능단체 차원의 검토사항

무면허 의료업자에게 의료행위를 받는 것이 얼마나 위험한 행위인지를 이러한 사례를 들어 홍보하는 것이 필요하며, 이러한 홍보는 지속적으로 이루어져야 한다. 그리고 불법 필러 부작용에 대한 효과적인 치료 프로토콜과 관련된 연구가 이루어져야 한다.

(3) 국가·지방자치단체 차원의 검토사항

무면허 의료행위[1] 시행과 관련하여 현황 및 실태 파악이 먼저 이루어져야 하고,

---

1) 의료법 제27조 위반으로 제87조에 의해 5년 이하의 징역이나 5천만원 이하의 벌금에 처함.

이와 함께 무면허 의료업자[2])에 대한 단속이 이루어져야 한다. 파파라치 제도와 같은 신고보상제를 시행하여 단속하는 것도 하나의 방안이 될 수 있다.

---

2) 무면허의료행위를 업으로 한 사실이 있다면 의료법위반이 아닌 「보건범죄 단속에 관한 특별조치법」 위반으로 다룸. 무기 또는 2년 이상의 징역에 처하며, 100만원 이상 1천만원 이하의 벌금을 병과함.

제6장 결 론

　최근 외모를 중요시 여기는 우리나라의 사회적 분위기와 경제적 수준의 향상에 따라 성형수술이 보편화 및 대중화되고 있다. 성형수술 건수가 늘면서 이와 관련된 의료분쟁 및 의료소송도 함께 증가하고 있는 추세이다.

　본 저서에서는 눈, 코 및 안면 성형 관련 판례, 종아리, 유방 성형 관련 판례, 체형 성형 및 신체 복합 성형 관련 판례, 무면허 의료행위 관련 판례로 분류하여 성형 관련 의료소송의 원인 및 재발방지대책을 살펴보았다. 성형외과학계에서 주로 사용하는 부위별 분류방식을 사용하여 해당 판례들을 부위별로 분류하여 세분화 하였고, 눈, 코 및 안면부위 판례 10건, 종아리, 유방성형 관련 판례 4건, 체형성형 및 신체복합 판례 5건, 무면허 의료행위 판례 1건에 대해 분석하였다.

　성형 관련 의료소송 판례들의 원인을 파악하고, 재발방지 대책을 제시하기 위해 환자 측면, 의료인 측면, 기관 측면, 법·제도 측면으로 나누어 살펴본 내용을 종합하면 다음과 같다.

　최초에 분석 사례 선정을 위해 우선 성형 관련 의료소송 현황을 파악하였다. 성형은 미용성형과 재건성형으로 크게 분류할 수 있는데, 본 연구 대부분의 사건이 미용성형에 해당되었다. 이처럼 미용성형 분야에서 분쟁이 많이 발생하는 것은 의학적 필요에 따라 시행되는 재건 성형과 달리, 미용성형의 경우는 환자의 주관적인 만족도에 따라 수술의 결과가 평가되기 때문에 술기상의 과실이 없는 경우도 환자가 수술 결과에 대해 불만족하게 되면, 의사의 의학적 판단보다 환자의 결정에 따라 재수술을 시행 받게 되거나, 분쟁으로 나아가게 되기 때문이다. 본 저서에서 분석한 재수술 관련 판례 중 치료적 목적의 재수술인 2건을 제외한 나머지 사건들은 환자의 주관적 불만족을 이유로 한 재수술들이었다. 집도의는 재수술의 경우 이전 수술로 인한 연부조직의 손상으로 만족할 만한 결과를 얻지 못할 수도 있음을 환자들에게 구체적으로 설명하여야 할 뿐만 아니라 수술을 시행함에 있어 더욱 주의를 기울여야 하고, 환자들도 재수술로 결과가 악화될 수 있음을 꼭 인지하고 신중한 수술 결정을 하여야 한다.

　　의료인 측면에서는 먼저 설명과 관련된 내용이 중요하게 다루어질 필요가 있다고 판단된다. 환자에게 수술에 관한 동의서를 받았음에도 불구하고 의료인에게 설명의무 위반을 인정한 판례들이 있다. 즉 설명의무는 환자가 자기 결정권을 제대로 행사할 수 있도록 구체적으로 수술 방법, 그로 인한 합병증, 그 외의 대안들 등을 다 제공한 경우 인정됨을 명심하고, 의료진은 수술 전에 충분히 설명하여야 한다. 이러한 법리적 판단의 흐름에 따라 의료인들은 설명의무를 이행할 수 있도록 환자와 소통하고 시간적 노력을 투자할 수 있어야 한다. 많은 경우 집도의가 아닌 의료진이 수술 설명을 시행하고 있으나 그로 인한 여러 문제점이 발생할 수 있으므로, 집도의가 직접 수술 설명을 시행하여야 한다. 그리고 수술을 위한 마취, 수술 및 수술 후 회복 과정과 관련하여 환자의 활력징후 관찰을 소홀히 하여, 사망과 같은 치명적인 악결과가 발생한 판례도 있었다. 활력징후가 불안하게 되면, 응급상황에 대처할 수 있는 인력 및 시설이 부족한 의원급 의료기관에서는 골든타임을 놓치게 되어 응급처치가 지연되고 불구나 사망까지 이어지는 경우도 있다. 수술 자체에 집중하는 경우 마취로 인한 환자의 활력 징후 변화를 놓치게 되어 사고가 발생하는 경우도 있다. 따라서 마취가 동반되는 수술의 경우 마취로 인한 합병증을 꼭 염두에 두고, 환자의 활력징후를 적극적으로 관찰해야 하며, 사고 발생 시 즉각적으로 대처할 수 있도록 항상 준비해 두어야 한다. 또한 의료인의 수술 술기 부족도 문제점으로 지적되었다. 기능적 결함 해결 및 심미적 만족감까지 제공해야 하는 성형 분야에서는 다양한 사례들을 접해볼 수 있는 수련의 과정을 거친 전문의의 경우, 보다 만족도 높은 성형술기를 제공할 수 있을 것이다. 그리고 성형외과 전문의는 수술과정과 수술 후 발생할 수 있는 예상치 못한 상황에 대한 대처법을 체계적으로 교육받았으므로, 합병증 및 의료사고 발생 시 보다 적절히 대응할 수 있을 것이다. 이에 대한 판단은 소비자인 환자가 결정해야 하는 부분일 수도 있다. 하지만 성형외과 학계에서도 환자들에게 성형외과 전문의에 대한 정보를 충분히 제공하고 선택할 수 있게 하는 방안을 모색할 필요가 있다.

　기관 측면에서는 소속된 의료인들이 최선의 진료를 제공할 수 있는 환경을 마련해 주어야 한다. 성형과 관련하여 환자들이 문제를 많이 제기하는 내용은 설명 및 동의 과정이다. 이에 기관에서는 의료인들이 환자에게 충분하고 구체적인 설명을 제공할 수 있도록 관련 절차와 체계를 개발하여 제공해 줄 필요가 있다. 더불어 환자안전 문화 증진을 위해 의료인들 간, 의료인과 환자 등 다른 직역 간 의료소통의 중요성이 더욱 증가하고 있다. 기관에서는 의료인 간 의사소통이 원활히 이루어질 수 있도록 관계의 장을 마련하고, 효율적인 소통수단을 제공해 주어야 한다.

　법·제도 측면을 살펴보면, 성형외과 학계에서는 현재 제공하고 있는 표준화된 동의서의 수정 작업을 시행하여 설명의무의 이행에 도움이 될 수 있도록 해야 한다. 또한 본 저서에서 분석한 성형 관련 판례들은 대부분 개원가의 의원급 의료기관에 해당되었다. 그들의 응급처치 지연으로 인해 환자에게 치명적인 결과를 초래하게 되었는데, 마취제 사용이 잦은 성형분야에서 응급상황 발생은 간과할 수 없는 문제이다. 국가적 차원에서 지역적인 네크워크를 구축하여 의원급 의료기관에서 응급상황이 발생할 경우에도 즉각적인 조치가 취해질 수 있도록 지원해야 할 것이다. 또한 마취와 관련된 사고 현황을 파악하고 방안을 모색할 수 있는 안전체계를 구축할 수 있도록 해야 한다. 그리고 성형 분야에서 문제가 되고 있는 무면허 의료업자의 의료행위, 상업적 의료행위로 인한 의료사고 등 국가적 차원에서 규제하고 개선할 수 있도록 법·제도적 방안을 모색해야 한다.

　본 연구와 같이 의료소송 판결문 자료를 활용하여 사고의 원인 및 재발방지 대책을 제시한 연구에는 한계점이 존재한다. 법원에서 판결문을 제공받을 시 의무기록, 검사결과기록지 등이 제공되지 않으며, 해당 사고의 정황을 정확하게 파악하기 위한 정보가 삭제되어 있는 경우도 있다. 또한 분석을 진행하는 사람에 따라 관점 및 중요하게 생각하는 사항이 다르다는 한계점도 있다. 이러한 한계점에도 불구하고 현재 우리나라 환자안전사고 보고 및 학습시스템은 운영 초기 단계이고 의료기관 내 환자안전사건 정보가 외부로 공개되지 않는 상황이므로 의료분쟁 및 의료소송 자료를 활용하여 원인 및 재발방지 대책을 제시하는 것이 환자안전 체계 구축 및 정책 제안에 도움이 될 수 있다.

　판결문을 통해 살펴본 성형 관련 의료사고는 전체 환자안전사건의 극히 일부에 불과하다. 한국의료분쟁조정중재원 및 한국소비자원 등을 통해 해결된 사건도 있을 것이며, 의료현장에서 서로간의 합의를 통해 종결된 경우도 존재할 것이다. 안전한 의료 환경의 조성을 위해서는 환자안전사건의 현황 파악이 이루어져야 하고, 유사한 사건이 재발하지 않도록 대책 수립 및 공유하는 것이 필요하다. 본 연구를 시작으로 하여 환자안전과 관련된 기관들의 협력 및 추가 연구 등을 통해 우리나라의 환자안전이 향상될 수 있기를 기대한다.

저자 약력

김소윤(대표 저자)
연세대학교 의과대학 인문사회의학교실 의료법윤리학과, 연세대학교 의료법윤리학연구원
예방의학전문의이자 보건학박사이다. 현재 연세대학교 의과대학 인문사회의학교실 의료법윤리학
과장을 맡고 있다. 보건복지부 사무관, 기술서기관 등을 거쳐 연세대학교 의과대학에 재직 중이
며, 보건대학원 국제보건학과 전공지도교수, 의료법윤리학연구원 부원장, 대한환자안전학회 총무
이사 등도 맡고 있다.

송승용
연세대학교 의과대학 성형외과학교실
성형외과 전문의이자 의학박사이다. 현재 연세대학교 의과대학 성형외과학교실에서 부교수로 근
무하고 있으며, 세브란스병원 및 연세암병원 성형외과에서 진료하고 있다. 연세의대 졸업 후 세
브란스병원 성형외과에서 수련받고, 분당차병원 성형외과 조교수를 지냈다. 현재 Archives of Plastic
Surgery의 deputy editor이며, 의편협 기획운영위원 등도 맡고 있다.

김한조
에이트성형외과
성형외과 전문의이며, 현재 에이트성형외과 원장으로 근무하고 있다. 연세대학교 의과대학을 졸업
하고 NEW YORK MOUNT SINAI HOSPITAL 성형외과, 미국 UT Southwestern 성형외과에서 연수
하였다. 대한성형외과 의사회 법제이사이며, 대한미용성형외과학회, 국제성형외과학회 등에서 활동
하고 있다.

홍승은
이대목동병원 성형외과
성형외과 전문의이자 성형외과학 박사이면서 변호사이다. 전문의 자격증 취득 후 서울대학교 법
학전문대학원을 졸업, 변호사 자격증을 취득하였다. 이대목동병원 성형외과에서 근무 중이며, 대
한성형외과학회 법제위원회 위원, 이대목동병원 법무실장 등을 맡고 있다.

이 원
연세대학교 의과대학 인문사회의학교실 의료법윤리학과, 연세대학교 의료법윤리학연구원
간호사이자 보건학박사이다. 중앙대학교를 졸업한 후 삼성서울병원에서 근무하였으며, 연세대학
교에서 보건학석사와 박사 학위를 취득하였다. 현재 연세대학교 의과대학 인문사회의학교실 의료
법윤리학과에서 박사후 과정 및 의료법윤리학연구원에서 연구원으로 재직 중이다.

장승경
연세대학교 의료법윤리학연구원
중앙대학교 간호대학을 졸업한 후 삼성서울병원에 근무하였으며, 현재 연세대학교 의료법윤리학
협동과정에서 보건학 석박사통합과정 중에 있다. 대한환자안전학회 간사로 활동 중이며, 의료법
윤리학연구원에서 환자안전 관련하여 연구 중이다.

이미진
아주대학교 의과대학 인문사회의학교실
보건학박사이다. 현재 아주대학교 의과대학 인문사회의학교실에 재직 중이며, 대한환자안전학회
법제이사를 맡고 있다.

최성경

연세대학교 의료법윤리학연구원
간호사이며 연세대학교에서 보건학 석박사통합과정을 수료하였다. 현재 연세대학교 의료법윤리학연구원에서 연구원으로 재직 중이다.

이유리

연세대학교 보건대학원 국제보건학과, 연세대학교 의료법윤리학연구원
간호사이자 보건학 박사로 현재는 연세대학교 보건대학원 국제보건학과 연구교수이자 의료법윤리학연구원 전문연구원으로 일하고 있다. 세계보건기구 서태평양지역사무처에서 보건의료법 기술전문관, 한국국제보건의료재단 대외협력부 차장을 지냈으며, 보건의료법, 국제보건정책, 보건의료법 분야의 연구를 진행하고 있다.

김한나

연세대학교 의과대학 인문사회의학교실 의료법윤리학과, 연세대학교 의료법윤리학연구원
의사이자 법학 박사이며, 현재 연세대학교 의과대학 기초연구조교수로 재직 중이다.

이세경

인제대학교 의과대학 인문사회의학교실
가정의학전문의이자 의학박사, 법학박사이다. 현재 한국의료법학회 이사, 고신대학교 생리학교실 외래교수를 맡고 있으며, 연세의료원에서 가정의학과 전공의 과정을 수료하였다. 연세대학교 의료법윤리학과 연구강사, 연세의료원 생명윤리심의소위원회위원을 거쳐 인제대학교 의과대학 인문사회의학교실에 재직 중이다. 서강대 및 대학원에서 종교학 및 독어독문학을 공부하기도 하였다.

박지용

연세대학교 법학전문대학원
변호사로서 연세대학교 의과대학 연구조교수로 거쳐 현재 연세대학교 법학전문대학원 조교수로 재직 중이다. 연세대학교 법학연구원 의료과학기술법센터장을 맡고 있다.

김인숙

연세대학교 간호대학
이학박사이며 연세대학교 간호대학 교수, 김모임간호학연구소 상임연구원이다. 연세대학교 간호대학원 간호관리와 교육 전공지도교수, 연세대학교 의료법윤리학연구원 상임연구원을 맡고 있다.

석희태

연세대학교 의과대학 인문사회의학교실 의료법윤리학과
법학박사. 민법학 및 의료법학 전공. 현재 연세대 의대 의료법윤리학과 및 동 보건대학원 객원교수. 연세대 법대 및 동 대학원 졸업. 한국방송통신대 중어중문학과 졸업. 경기대학교 법학과 교수로서 법과대학장과 대학원장을 역임하였으며 명예교수가 되었다. Univ. of Wisconsin Madison, UCLA, National Univ. of Singapore, 橫浜國立大學의 방문학자로서 연구를 한 바 있다. 1980년의 "의사의 설명의무와 환자의 자기결정권" 논문을 필두로 의료법학 분야의 과제를 중점적으로 연구 발표해 왔으며, 최근(2016년)에는 "환자의 모를 권리와 의사의 배려의무"를 발표하였다. 대한의료법학회 창립회장 및 제2, 3대 회장으로 활동하였고, 현재 한국의료분쟁조정중재원 조정위원인 선위원회 위원장 직과 미래의료인문사회과학회 회장 직을 맡고 있다.

손명세

연세대학교 의과대학 예방의학교실

예방의학 전문의이자 보건학박사이며, 연세대학교 의과대학에 재직 중이다. 건강보험심사평가원 (HIRA) 원장, 연세대학교 보건대학원장, 대한의학회 부회장, 한국보건행정학회장, 유네스코 국제 생명윤리심의위원회 위원, 세계보건기구(WHO) 집행이사, 한국의료윤리학회 회장 등을 역임하였다. 현재 아시아태평양공중보건학회(APACPH) 회장으로 활동하며 우리나라 보건의료 시스템의 질적 향상 및 발전을 위해 노력하고 있다.

환자안전을 위한 의료판례 분석
08 성형

초판발행   2017년 11월 10일

지은이   김소윤·송승용·김한조·홍승은·이 원·장승경·이미진·최성경·
              이유리·김한나·이세경·박지용·김인숙·석희태·손명세
펴낸이   안종만

편 집   한두희
기획/마케팅   조성호
표지디자인   조아라
제 작   우인도·고철민

펴낸곳   (주)**박영사**
              서울특별시 종로구 새문안로3길 36, 1601
              등록 1959. 3. 11. 제300-1959-1호(倫)

전 화   02)733-6771
f a x   02)736-4818
e-mail   pys@pybook.co.kr
homepage   www.pybook.co.kr
ISBN   979-11-303-3100-3 94360
               979-11-303-2933-8 (세트)

copyright©김소윤 외, 2017, Printed in Korea